名品服饰

郑万春 ◎ 编著

哈尔滨出版社
HARBIN PUBLISHING HOUSE

自我表达的艺术

服饰不再是人们作为有别于其他人的标记那么简单了，每一种服饰品牌都代表着一种艺术文化。这些经典服饰品牌重新诠释了服饰的精神，也将人们自我表达的艺术演绎到了极致。

19世纪英国历史学家托马斯·卡莱尔认为："服饰的第一目的既不是御寒也不是体面，而是装饰。那些原始的土著人第一个精神需要就是装饰。因为，他们在没有衣服之前就有了纹身与绘画，这些足以证明服饰自古以来就是人类表达自己的一种需要。"这句话也说明了装饰作用才是服饰精神的第一要义。

3500年以来，人类的自我表达一刻也没有停止过。在人类懂得以服饰蔽体之前，纹身和发式一直是人类装饰自己身体的主要手段。美国国家地理协会的摄影师克里斯·瑞纳也说："人类刻画自己的身体，作为一种仪式，开始一种新的生活，这是表现我们身份与信仰的最直接方式。"无论是波利尼西亚土人、伦敦街头的朋克，还是日本暴力团成员。他们宛如画布的身体都在展示人类与生俱来的被原始文化打下的烙印，在与现代社会、现代文化激烈碰撞后产生的强烈冲突。随着人类社会的进步，人类开始学会用各种各样的服饰来表达自己，可以说，这种对自我的表达也就是对人类文明的另一种表达。因此，服饰的真正含义就是一种自我表达。

历史学家认为，作为服饰重要组成部分的时装的出现始于文艺复兴时期。这一时期，人们的自我想象、自我解放的意识不断增强，许多艺术大师都通过自己的作品表达出这种意识。完全可以这样说，文艺复兴标志着时尚开始流行。时装从表达走向了炫耀，走向了自我崇拜，时装设计也逐渐变成了一种艺术。从第一幅时装插画的诞生，到今天后现代风格的暗含隐喻的各色服装，艺术与时装产生了真正的对话：服装设计成为了真正的艺术创作。而艺术家也把时装纳入了他们的创作主题。服装因此而完全有了艺术作品的性质，服装设计师与艺术家永远地联系在一起。

时装的变迁是一部历史，在记录历史变革的同时也反映着每个国家的个性与风格。每个国家的服装都会被本国的历史文化所影响，法国时装轻松浪漫，意大利时装讲究艺术性，英国时装体现经典与传统，各有各的风格。比如在巴黎，时装从来就是一门艺术，一门可以与绘画、雕塑和建筑相提并论的艺术。云集于巴黎的各国艺术家与时装设计师过从甚密，他们互相给对方以灵感。纵观巴黎近代时装史，无数杰出的设计师的奋斗开创了前所未有的辉煌。这些无与伦比的荣耀来自于得天独厚的悠久历史与文化传统；同时，当地人的艺术素养以及政府的大力支持与鼓励，也是促使巴黎成为世界流行时装领导中心的最大因素。因此巴黎才有时装界实验室的美誉。

当服装的面料、设计日趋精美，各种饰品的发展也日益成熟，很多服饰品牌逐渐形成了别具一格的时尚魅力。无论是香奈尔的高雅与精美、CK的性感与狂野、普拉达的高贵与硬朗、巴宝莉的奢华与瑰丽，还是三宅一生的含蓄与宁静，都体现了人类表达自我、使自己与众不同的愿望，就好似原始人类常常有意识地在身体上制作出各种便于他人识别的标记来表达自己一样。

今天，服饰不再是人们作为有别于其他人的标记那么简单了，那些经典的服饰品牌深谙其中的道理，服饰设计大师们将艺术融入每一个设计中，为人们的日常生活树立了一个历久弥新的迷人时尚坐标。每一种服饰品牌都代表着一种艺术文化。拉尔夫·劳伦是一种融合幻想、浪漫、创新和古典的灵感呈现，克里斯汀·迪奥一直是绚丽的高级女装的代名词，纪梵希坚守着百分之百的优雅哲学……总之，这些经典服饰品牌重新诠释了服饰的精神，也将人们自我表达的艺术演绎到了极致。

目录 名品服饰

002 — **爱马仕** Hermes
永不落伍的时尚

008 — **路易·威登** Louis Vuitton
永远的名牌中的名牌

015 — **朗万** Lanvin
时装界"皇冠上的明珠"

021 — **巴宝莉** Burberrys
英伦格子的传统时尚

026 — **登喜路** Dunhill
英国绅士的经典与奔放

034 — **杰尼亚** Ermenegildo Zegna
男装的极品

038 — **香奈尔** Chanel
回归自然就是品位

046 — **普拉达** Prada
意大利文化的完美结合

目 录 名品服饰

Gucci **古驰** —— *052*
尊贵、性感的奢侈巨兽

Fendi **芬迪** —— *060*
绚丽皮草编织出的奢华时尚

Salvatore Ferragamo **费尔格蒙** —— *068*
永远合脚的鞋

Nina Ricci **莲娜·丽姿** —— *076*
完全的女性味道

Balenciaga **巴黎世家** —— *082*
巴黎时装的西班牙精神

Dior **迪奥** —— *088*
法国时装文化的最高精神

Givenchy **纪梵希** —— *098*
华贵优雅的时尚宠儿

Valentino **瓦伦蒂诺** —— *105*
豪华、奢侈生活的象征

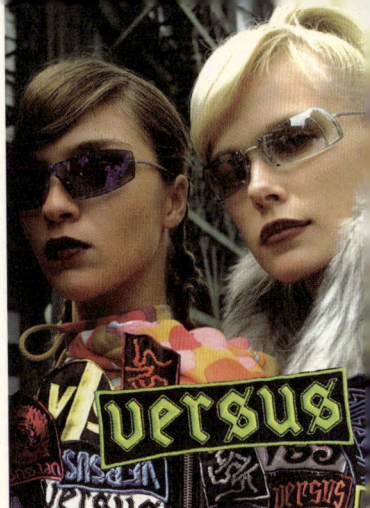

目 录 | 名品服饰

114 —— 圣罗兰 YSL
时装中的艺术品

118 —— 拉尔夫·劳伦 Ralph Lauren
一股自由舒服的美国气息

124 —— 切瑞蒂 **1881** Cerruti 1881
法国新古典主义的代表

128 —— 卡尔文·克莱恩 Calvin Klein
来自纽约纯粹优雅的精神

134 —— 索尼亚·里基尔 Sonia Rykiel
现代摩登女性的典范

140 —— 三宅一生 Issey Miyake
来自东瀛的服饰美学

146 —— 奥斯卡·德拉伦塔
Oscar de la Renta
美国白宫的尊宠

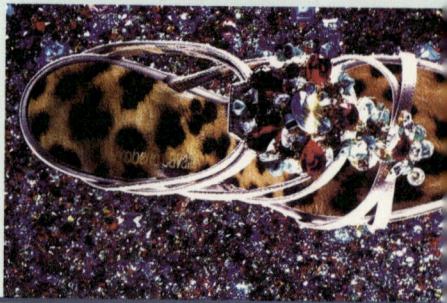

目录 | 名品服饰

Armani 阿玛尼 — 153
传统与现代的完美平衡

Gianfranco Ferre 詹弗兰科·费雷 — 159
时装的建筑艺术

Gianni Versace 范思哲 — 164
意大利文艺复兴传统的现代写照

Donna Karan 唐娜·凯伦 — 172
纽约都市的时尚气息

D&G — 178
意大利的性感风暴

克里斯汀·拉克鲁瓦 — 184
Christian Lacroix
法国古典宫廷艺术的精神

Anna Sui 安娜·苏 — 189
施以魔咒的时装艺术

HERMÈS

HERMÈS
PARIS

爱马仕
永不落伍的时尚

创始人◆蒂埃利·爱马仕　创始时间◆1837年　创始地◆法国·巴黎

如果说法国巴黎是世界上艺术气息最浓郁的城市，那么爱马仕无疑是巴黎这座艺术苑里最具艺术魅力的品牌之一。艺术浇铸了爱马仕这个百年品牌，艺术丰富了爱马仕的产品，也使我们的生活更有诗意。

HERMÈS
PARIS

如果你想欣赏真正的法兰西文化的优雅与浪漫，法国顶级品牌爱马仕绝对会令你大开眼界。尽管对于普通大众来说，爱马仕只是个遥远的梦，但爱马仕的魅力的确令人折服。曾经有一位破产的富翁，尽管自己已经身无分文，但他还是不肯卖掉自己的爱马仕皮箱。在当时，一只爱马仕皮箱的价钱完全可以支付一个普通人大半年的生活开支。有人问他为什么宁可留着这个皮箱也不愿卖掉它换点吃的来填饱自己的肚子时，这位老绅士回答道："只要我能看到这个皮箱，我就觉得自己还是个有钱人。"由此可见，爱马仕早已成为那些绅士名流的最爱，包括摩纳哥皇妃、温莎公爵伉俪、杰奎琳·肯尼迪、英格丽·褒曼都深深地被爱马仕所吸引。

160年前，从一个具有浓郁法国传统的家族式企业在巴黎用手工制造第一件马具开始，爱马仕家族经过五代人的共同努力，使其品牌声名远扬，成为今天的国际著名时尚用品公司。在经营上，爱马仕坚持不转让其商标生产许可证，因而每一件作品都有着严格的质量保证。其产品将一流的工艺制作、耐久实用的性能与简洁优雅相结合，不但是身份地位的象征，而且成为永不落伍的时尚之物，成为法国式奢华消费品的典型代表。

HERMÈS
PARIS

来自巴黎最纯正优雅的呼吸

相信世界上没有一个女人，可以抵挡住爱马仕丝巾绚丽的图案、丝滑的质感。就连英国女王也不例外，在她不戴皇冠时只戴爱马仕丝巾。

在爱马仕所有产品中，最著名、最畅销的当数精美绝伦的丝巾。自1937年为纪念100周年店庆推出第一款丝巾以来，爱马仕丝巾一直是许多上流社会男士馈赠女士礼物的首选。可可·香奈尔曾说不用香水的女人最没有前途，伊丽莎白·泰勒则认为不系丝巾的女人最没有前途。奥黛丽·赫本曾经感叹："当我戴上爱马仕丝巾的时候，我从没有那样明确地感受到我是一个女人，美丽的女人。"因此，当她站在罗马大教堂高高的台阶上将一条爱马仕丝巾随手系在

颈间之际，万道阳光在为她翩翩起舞，整个世界都成了春天。

爱马仕一方90厘米见方的丝巾的价格往往要上千美元，这绝不是普通大众所能欣然接受的。因为爱马仕丝巾汇集了无数精美绝伦的工艺，它不仅是品位的象征，更可以当做一件值得收藏的艺术品，可以说每方爱马仕丝巾都是独一无二的。

爱马仕的每方丝巾，全都是在里昂地区生产出来的，从设计到制作完成，必须经过无数道严谨的工序。一条爱马仕丝巾从制作到出厂整整需要18个月的时间。

爱马仕不仅引领时代，更能够从传统的文化与特征中吸取精华，并在爱马仕的产品系列中展现无遗。爱马仕丝巾每年随着年度主题推出系列款式，每个款式述说一则故事，至今爱马仕已推出超过900款丝巾。如1997年的"非洲之年"、1998年的"树之年"、1999年的"繁星之年"与2000年的"世纪微笑"等主题，均呈现在丝巾中，借由丰富的图案和艳丽的色彩，充分展现艺术个性及异国情怀。

爱马仕深谙女人对丝巾的钟情，因而给每款丝巾都赋予了名字及故事背景，别具收藏价值，令人们在追求时尚的同时，亦醉心于艺术的高雅享受。在巴黎的爱马仕总店，曾经在过去几年的圣

诞假期中，平均每 38 秒便会售出一条丝巾。美丽的图案、传奇的故事、丝滑的质感，有谁能抵御这来自至高境界的诱惑呢？就连英国女王也不例外，在她不戴皇冠时就戴爱马仕丝巾。英国邮票上的伊丽莎白二世系的正是爱马仕丝巾。难怪有人称爱马仕的丝巾为"来自巴黎最纯正优雅的呼吸"。

爱马仕的镇店之宝

尽管路易·威登的箱包在全世界的女人心中呼风唤雨，但在法国，能拥有一个爱马仕的提包是众多法国女郎一生的梦想。

如果说世界上没有一个女人可以抵挡住爱马仕丝巾的诱惑，那么为自己配备一款爱马仕提包是绝对必要的。尽管路易·威登的箱包在全世界的女人心中呼风唤雨，但在法国能拥有一个爱马仕的提包是众多法国女郎一生的梦想。

1837 年，马鞍工匠蒂埃利·爱马仕在巴黎成立了马具店，凭借精湛技艺和艺术才华，爱马仕成为欧洲贵族的马具供应商。1918 年，汽车工业崭露头角，蒂埃利·爱马仕的孙子意识到交通对生活模式的改变，他致力于发展优质的旅行皮具，以独特的马鞍针步缝制，从此奠定其皮具世家的地位。

爱马仕基于皮革的创作，之后更延续至手袋、皮带、真皮时装、手表、首饰、家居用品等的制作，其内核的工匠精神则覆盖了爱马仕的整个事业。爱马仕所有的皮具产品都要保证完美无瑕，每一个细节都匠心独运。所谓工匠精神，就是追求完美之道。因此，能拥有一个爱马仕皮包是许多名品爱好者毕生最大的愿望也就不足为奇了，这也是爱马仕留给人类的一个传奇。

1956 年，好莱坞影星格蕾丝·凯莉在盛名之下嫁给摩纳哥国王，她在怀孕初期常常以一款畅销的爱马仕手提包遮掩腹部以躲避媒体的镜头，使这款使用特殊缝法、有着精巧小锁装饰的爱马仕手袋频频在媒体面前曝

光，成为当时的焦点。于是爱马仕家族在征得摩纳哥王室的同意后，将这款手袋正式以格蕾丝·凯莉婚前的姓氏命名为"凯利包"。

爱马仕皮包的加工如丝巾一样繁复，那些爱马仕的工匠们在每一个细节都追求完美，他们要求所用的皮料必须具备独特的香味、润泽的光芒、结实富有弹性和柔软的触感，然后再利用他们精湛的工艺进行加工处理；在各种原料拼合之前，他们都要全面检查所有的搭配是否完美，而且不能破坏每一块皮料，以发挥出它们原有的独特性和原始之美。因此，要定制一个有爱马仕镇店之宝美名的"凯利包"，需要等上几年时间，因为它的每一块皮革，都要经过多重繁复的步骤来处理。这种皮包均有制造匠师的标记，不论维修或保养，都由同一匠师负责。如此严谨的制作，正是它矜贵的原因。爱马仕的皮包有种内敛的美丽，超越时间的典雅，简洁却独特。在生活节奏快速的今天，爱马仕皮包仍全面坚持手工制作，设计、质感、色彩……每处细节都一丝不苟，力求完美。格调高尚同时讲求实用，爱马仕皮包也成了极致优雅和实用主义完美结合的同义词。

HERMÈS
PARIS

最令人赞叹的爱马仕橱窗

爱马仕的美，在于品牌精神发自内心与人格。在巴黎的爱马仕总店，那令人赞叹的橱窗，是全球橱窗设计师膜拜的殿堂。

1837 年，蒂埃利·爱马仕在时尚之都巴黎创立了以自己姓氏为名的马具品牌。由于他手艺出众，爱马仕的马具很快遍布巴黎的大街小巷，当时巴黎城里

最漂亮的四轮马车上，都可以看到爱马仕马具的踪影。

老爱马仕的儿子查理·爱马仕是一个具有商业头脑的人，他意识到自己的产品一定会受到贵族的欢迎，于是他将爱马仕总店搬往巴黎最著名的福宝大道24号，这一地区距离贵族居住区更近。渐渐地，爱马仕的名气越来越大，爱马仕制造的高级马具深受欧洲贵族们的喜爱，一时间福宝大道24号门庭若市，爱马仕的橱窗前变得热闹非凡，爱马仕逐渐成为法国式奢华消费的典型代表。

爱马仕在家族成员一代代的努力下，为了将生活融会艺术而不断将优秀的灵感付诸现实，产品也越来越多元化，直至今天，爱马仕旗下总共有包括丝巾、领带、男女服装、香水、手表、皮鞋、家具、首饰等等14款产品系列。在爱马仕，能切身感受到什么才是真正的家族观念。家族成员将对未来的热情和对传统的尊重融会成一个理想，那就是以光耀设计及手工艺为日常己任。家族成员已经在潜意识里被打上了这样一个深刻的烙印：眼睛应该接触优雅，鼻子应该体味馨香，皮肤应该和最感性的物料轻抚拥抱。

就是在这种理念的一贯坚持下，加之家族成员源源不断的创造力，爱马仕的产品被人们称为思想深邃、品位高尚、内涵丰富、工艺精湛的艺术品。

LOUIS VUITTON

路易·威登

永远的名牌中的名牌

创始人◆路易·威登　创始时间◆1854 年　创始地◆法国·巴黎

从路易·威登行李箱延伸出来的皮件、丝巾，或笔和手表，甚至服装，都是以路易·威登150年来崇尚精致、品质、舒适的"旅行哲学"作为设计的出发基础。不管路易·威登涉足多少领域，推出多少新品，LV还是绝对的LV——一部时尚界史诗般的神话，永远的名牌中的名牌。

没有来过香榭丽舍大道，就不算真正到过巴黎；没有来过路易·威登的总店，就不算真正到过香榭丽舍大道。

路易·威登是目前世界上最大的奢侈品品牌，出售的不仅是奢侈的商品，更多的是人们的欲望和自我认同感。购买它未必就是购买一种生活方式，而更多的是一种情感体验。正如电影《欲望都市》里一句台词说的那样，当拥有LV包的那一天，"就是我出人头地的那一天"。换句话说，那些为LV包着迷的女生即使天天只能坐公共汽车，也会因为想起乌婕妮皇后钟爱的品牌就在自己的臂弯而心情愉快。

每一个路易·威登的皮袋伴随着我们生活的每一刻，表达了我们的热情、志向和需要，反映了社会和专业地位。路易·威登既是一个多世纪以来显赫人士乐于采用的优质行李箱，同时又是今时今日数以千计不知名爱戴者的梦想。对于历代的顾客而言，路易·威登早已经超越了个人身份的象征，成为非凡质量的保证。从设计最初到现在，印有"LV"标志这一独特图案的交织字母帆布包，伴随着丰富的传奇色彩和典雅的设计而成为时尚之经典。150年来，世界经历了很多变化，人们的追求和审美观念也随之而改变，但路易·威登不但声誉卓然，而且至今保持着无与伦比的魅力。

永无止境的发现与探险

如果名牌也有等级之分，那么百年老牌路易·威登绝对是名牌中的名牌。以旅行箱、皮包起家，近年来引爆全球的名牌热潮，更确立了"高级皮制品＝LV Monogram"的品牌形象。

人生如旅途，尤其用以形容当年摩登时代的旅游风潮更为贴切。流动性、

好奇心、无所不在和速度感是当时男女忙于享受品味生活的四个推动力，这个源于19世纪中叶的现象，成为了基本的社会改革。路易·威登与以他名字命名的公司，迅速在如此的背景下作出了一项划时代的创举。

行李是每个旅行者不可或缺的必需品，即使只属有识之士的专利，有时候一个小巧的行李箱也可以令想象力驰骋，而无穷的幻想往往是前往他方旅游的重要因素。路易·威登王国的150年发展，以简单而能唤起回忆的设计，打破隔阂，谓之梦想的隔阂更为贴切，鼓动了无边无际的幻想。

1837年，年轻的路易·威登不畏艰难长途跋涉，到巴黎追求自己的梦想，也似乎暗示着旅行、冒险、勇气成为贯穿LV百年的品牌精神。路易·威登使用独特的布料为贵族制作皮件，很快就受到了注目，成为当时贵族阶层旅行最爱使用的品牌。

轮到第三代传人卡斯顿·威登展现家族创造力的时候，手工艺这一传统行业逐渐拥有了现代社会的产业形式。卡斯顿和当时的欧洲艺术家来往密切，经常邀请他们参与自己的设计工作，力图将自己喜爱的古典元素转化为经久不衰的时尚经典。不知不觉中，路易·威登的产品日渐"奢华"。

150年的经验不仅缔造了一个传奇品牌，路易·威登的经营者们还逐渐培养起独到的眼光和洞察力。1997年，公司董事会决定聘请马克·雅各布加盟。这看起来有些冒险——马克是"时尚简约主义"的代表，他倡导的设计理念和繁复的贵族式设计风格相距甚远。马克从1998年3月开始实施"从零开始"的极简哲学。例如，在传统Monogram产品上增添小型金属装饰。"威登一直

是社会地位的象征，"马克说，"但现在它变得更加性感而诱人。"这个创意仅一年的时间就为路易·威登公司创造了至少三亿美圆的营业额，得到全世界热爱路易·威登的人的大力拥护——在全球时尚界，到 20 世纪 90 年代末，路易·威登不再是高贵的皇室风格，而是青春的、富有活力的。

从当年的小路易·威登，到举世闻名的经典品牌，提着路易·威登所设计、制造的行李箱，路易·威登用一种特别的精神，鼓舞着大家要在人生中不停旅行、永无止境地发现与探险。

七位大师，一个品牌

路易·威登高度尊重和珍视自己的历史。品牌不仅以其创始人路易·威登的名字命名，还一直继承了他追求质量、精益求精的态度。

LV 第一代创始人路易·威登是 19 世纪一位专门替王宫贵族打包旅行行李的技师，他制作皮箱的技术精良，渐渐地就从巴黎传遍欧洲，成为旅行用品最精致的象征。1954 年，为庆祝"LV"诞生 100 周年，路易·威登的总裁圣·卡斯利经过三年的考虑，聘请了七位当时赫赫有名的前卫设计师来设计交织字母标志的箱包新款式。这七位设计师分别是：阿泽蒂纳·阿莱亚、莫罗·伯拉尼

克、罗米欧·吉利、赫尔穆特·朗、伊萨克·米兹拉希、西比拉和维维安·威斯特伍德。

这些杰出的设计师对流行时尚有敏锐的感受能力，他们凭着对路易·威登这一经典品牌的理解，各自发挥自己的想象力和创造力，设计出七款令人耳目一新的交织字母标志的箱包新品，用于旅游休闲或高雅的社交、工作场所，共同塑造了路易·威登的经典形象。

阿泽蒂纳·阿莱亚设计的女士手包极具魅力，她将豹子皮花纹和色彩与路易·威登 Monogram 的图案及色彩完美地结合在一起，令人眼前一亮。莫罗·伯拉尼克设计了一款椭圆形的包，包里能装下外出活动一天所需的一切物品。既像花托又像箭筒的包的设计者罗米欧·吉利是个旅游迷，这个包好像是为他自己设计的。包像钱袋一样用带子收紧，不装东西时呈圆柱形，撑满时则是花托形。它采用了天然牛皮制作而成，男士女士皆适用。赫尔穆特·朗的设计趋向于简约主义，他根据适当的比例，设计了一款可用来装唱盘的箱子，使人们在旅游中也能享受到高质量的音乐，为旅游增添乐趣。伊萨克·米兹拉希设计的透明的塑料购物袋的框架是用天然软牛皮做的，里面可以看见一个雅致的 Monogram 小包，这才是此包真正的核心。西比拉设计了一款富有青春朝气的箱包，柔软、高雅、神秘且实用。"雨中购物"包就这么诞生了。背包线条简洁，有两根软肩带，下雨时，包的顶部可撑出一把精巧的雨伞，伞布上印有 LV 商标，能使你既不被淋湿，又能空出两手拿别的东西，无怪乎被称为"雨中购物"。维维安·威斯特伍德的设计总是出人意料，她确信男人总是先注意到女人的背影，因而根据腰间至臀部的弧度而设计出"屁股包"。包用带子从后向前扣在腰部，也可侧背、手提，包的外部还有两个口袋，十分方便、实用。

这些大师通过自己的想象，以全然不同的形象诠释着路易·威登一贯的风格——简单、实用，但又不失品位，也许这正是路易·威登能永远在时尚界占有不可替代的一席之地的真正原因。

巴黎的行李箱工匠

卓越的工匠技艺是一种巧夺天工的艺术。就像路易·威登的每个设计背后都隐藏着故事、每个皮包可能都在述说一个珍贵的回忆，自从 19 世纪起，路易·威登这个伟大的工匠就精益求精地发挥自己的艺术特长，结合悠久的历史传统与优质的皮革，造就了世界顶级奢华时尚品牌的传奇。

1837 年，出生于一个法国木匠之家的路易·威登 14 岁时想到巴黎去，因为付不起车资，他只能徒步，一路上靠打零工维持生计。不过路易有个很大的梦想在抚慰心灵：开一间属于自己的小店。他徒步四百多公里终于来到了五光十色的巴黎，他在这个陌生的地方，受到了幸运之神的眷顾。

路易·威登初期的巴黎生活是按部就班的，在一家行李箱作坊度过数年学徒生涯后，他开始为法国皇室服务，成为一名捆衣工。当时正值拿破仑二世登基，法国版图的扩大激起了乌婕妮皇后游历欧洲的兴趣。但是，旅行的乐趣却常常因为一些小问题而大打折扣——那些华美的衣服总是不能妥帖地待在行李箱中。穷小子路易·威登凭借自己的手艺，把皇后的衣装巧妙地绑在旅行箱内。

就因为这个，从乡下来的年轻人路易很快得到了乌婕妮皇后的留意和信任。

为皇后服务的过程中，旅行者们的苦乐引起了路易·威登的注意。当时交通工具的革命方兴未艾，乘坐火车成为旅行者最时髦的选择，然而这也给他们带来了很大的麻

烦：不是旅行箱把衣服弄得皱巴巴，就是行李包在火车的颠簸中一次次摔倒。那个年代虽然仍未流行以轻便的行装旅游，不过已经开始注重实用性，这为意念源源不绝的路易·威登缔造了一个极佳的时机。于是，路易·威登在1854年结束了为宫廷服务的工作，建立了属于自己的公司。

路易·威登公司的主要产品就是平盖行李箱。这个用"Trianongrey"帆布制成的箱子很快便成为巴黎上流社会喜欢出行的贵族们出行的首选物品，路易·威登行李箱瞬间掀起热潮。

四年后，路易·威登扩大了皮具店规模，在巴黎设立了第一间工厂。这段时期，路易·威登在时尚和专业化方面不断深入。1892年，路易·威登与世长辞。他将他的路易·威登王国，交由长子乔治·路易·威登继续发扬光大。乔治·威登继承了心灵手巧的家族传统，表现出在小发明上的天赋。1890年，他发明了特殊的锁扣"5-tumbler"——特点在于只要用一把钥匙，就可以打开客户本人所有的路易·威登皮箱，避免了旅行者在裤子上拴一大堆钥匙的麻烦。

就在路易·威登逐渐树立品牌形象的时候，遭到了贪婪的仿制者对其成功的窃取。不过这进一步激发了乔治·威登的创造力——1896年，他在Monogram帆布上印制了著名的"LV"商标，这令路易·威登开始作为品牌象征注入人们的观念。

优秀的品牌总是充满对未来的启示，路易·威登的发展过程是对这句话的恰当诠释——轻巧柔韧的Steamer旅行袋于1901年面世，成为后世手袋的先驱；八年之后，威登家族用丝绸和羊毛制成Kashmir旅行毛毯，又成为后世围巾和被罩的先驱。1914年，路易·威登当年梦想中的小店终于成了巴黎香榭丽舍大道70号那家当时全球规模最大的旅行皮具专门店。如今，整个时尚品行业仍未走出萧条时代，但这家全球最大的时尚和奢侈品公司还是被无可争议地称为"最赚钱的机器"。

LANVIN
PARIS

朗万

创始人◆珍妮·朗万　创始时间◆1889 年　创始地◆法国·巴黎

时装界"皇冠上的明珠"

我们比任何时候都需要时尚。但时尚不仅仅代表流行，更代表着永恒、美丽和渴望，朗万时装纯真而感性的设计呈现出了最为精致典雅的韵味，赋予了时装的全部意义。

LANVIN
PARIS

"Haute Couture"（高级女装）这个在法国时装界使用最为频繁的字眼，代表着时装中的极品，强调原创、唯美、独一无二，是真正的艺术华衣。而朗万则是其中历史最为悠久的一位绝佳演绎者。朗万在所有的巴黎高级时装中，是牌子最老、最经得起考验的一个品牌，至今已经历了一个世纪之久。创始人珍妮·朗万和有"时装之父"之称的查理·沃斯当年共同开创了许多法国时装名牌，如今流传下来的唯有朗万。如今，这家最古老的法国服装设计店，已经成为巴黎奢侈品业界的典范。

无论是男装，还是女装，朗万时装的艺术张力，正是巴黎高贵时装形象深入民心的精髓所在。朗万服装是经典和浪漫的结合体，同时又充满朝气和活力。在法国，它是一个有魔力的名字，被誉为时装界"皇冠上的明珠"。

LANVIN
PARIS

以浪漫的名义展现时尚

珍妮·朗万创造了一种风格，一个以优雅和精致为特征的时装世界。她本人迷恋文化，周围聚集了来自不同领域的艺术家和青年才俊，这给予她出众的文化认知。时至今日，朗万依然保持了这样的艺术传统。

作为巴黎时尚家族中历史最为悠久的代表，曾经统治过整个巴黎定制服领域，并有"定制服

女王"雅号的朗万，是一位极富女性特质的设计家，她对女童装的审美完全出自对生活、对自然、对孩童的爱。有记载说，朗万风格的形成是源自对女儿的感情，她的童装事业正是从为女儿设计和缝制衣服开始的。随着女儿的长大，她又设计出少女装和青年女装，逐渐扩大了经营领域。

配色是朗万的风格标志之一。朗万服装的色泽，如艳紫红、杏叶绿、浅紫蓝、矢车菊蓝、晚樱红、杏仁白等，明亮、精致，富有女性味，银色系列常与黑色或白色结合起来使用。她喜欢用素色面料，并

加以精美的刺绣，这种搭配多用于优雅的晚装。有一种如知更鸟美丽羽毛一样的蓝色，是朗万最有名的用色，被称为朗万蓝。她的灵感来自于大自然、花卉、植物和动物，也受到迪考艺术的影响，维亚尔、勒努瓦、方坦·拉图尔、奥迪隆·勒东的作品集，以及书籍、花园、博物馆都是她的灵感的来源。

朗万女装的特点是柔美。无论童装还是女装，该品牌并不注重表现穿着者的社会地位，而是追求完美，追求一种平淡中的雅致、实用中的浪漫。她说："现代服装需要浪漫，而不只是淡泊与实用。"朗万女装之所以受到全球女性的欢迎，正是因为有这种始终不渝的浪漫。萨拉·杰西卡·帕克、克瑞斯汀·戴维斯、妮可·基德曼、查理兹·塞隆都热衷于精

LANVIN
PARIS

朗万男装从不盲从流行，简单利落
的剪裁及颜色恰好的搭配，都凸显出男
性庄重、沉稳的气质。

致高品位的朗万时装。

　　此外，朗万服装在面料选择、设计制作上，都体现出实用与优雅舒适和完美的巧妙结合。朗万西服全部选用100%的优质羊毛，手感柔软，富有弹性，不起折皱。肩袖连接部裁剪成独特的卵形，肩线自然柔和，适合于各种体形穿着。一件朗万西服，通常要15个操作熟练的技师连续工作80个小时才能完成各道工序。就算一件朗万的男士衬衫也需要经过设计裁剪、试衣、缝制、熨烫等几道手工工序。其中，设计剪裁就占整个工序的50%，而试衣占到20%。朗万的T恤也采用了先进的制作工艺，图案给人以强烈的立体感，色彩富于变幻，并且保持十年不变色。朗万男装的拥有者大多属于社会上流阶层，美国前总统克林顿、英国前首相梅杰、法国前总统密特朗、法国影星伊夫·蒙当和阿兰·德隆等均是朗万的常年顾客。朗万的领带、领结和装饰手绢均采用法国印染的优质丝绸为面料。注重花色与质地的整体谐调感，全部采用手工精制而成，永不变形。

LANVIN
PARIS

格调晚装的开创者

　　在很多人看来，倘若缺少了创始人珍妮·朗万的女儿马格利特，很难想象，时尚之都巴黎是否还会成就一位"格调晚装的开创者"。正是珍妮·朗万对女儿马格利特这份浓烈的母爱为她的设计带来了灵感。

　　珍妮·朗万于1867年生于巴黎，在家里11个孩子中排行老大。她从小已经具备了商业意识，并向一家帽子店销售帽子。1885年，她租了一间小阁楼并开设了自己的帽子加工坊，四年后

成立了自己的首家帽子专卖店。尽管珍妮·朗万的婚姻并不幸福，但女儿的诞生，不但给珍妮带来了初为人母的感动，更唤醒了她沉寂多年的设计灵感，使她从一名女帽设计师破茧而出。如果没有了和女儿的亲密关系，珍妮·朗万可能仍然是一名默默无闻的帽子设计师。

生下女儿后，珍妮·朗万开始为女儿的洋娃娃制作服装。随着女儿的成长，珍妮手工缝制出的精致绝伦的幼儿服饰越来越多，女儿的童年世界成为了最能诠释珍妮灵感的舞台。也正是在女儿的鼓励下，珍妮开始尝试将这些做工精良且独具特色的设计推向市场。从那以后，她的帽子专卖店生意络绎不绝。

1889年，珍妮·朗万创立了自己的公司。1909年，珍妮·朗万加入了法国巴黎的高级定制服装从业者联合会，开始在更广大的舞台上长袖善舞。珍妮·朗万非常宠爱自己的女儿马格利特（法语里是"雏菊"的意思），从她的工作安排已可见一斑。譬如，她在1920年装饰家具和七年后制造香水时，都选择以雏菊为基调。此后，朗万香水瓶上著名的"母与子"图案，就是为了纪念珍妮·朗万对女儿深情的爱而专门设计的，而这个图案记载着朗万发展的历史，意义相当深远。

1946年7月，珍妮·朗万在巴黎逝世，享年79岁。从创立至今，朗万不仅保持了法国高级时尚的优雅传统，并在香水、配饰等各方面始终领导潮流。

Burberrys
巴宝莉

英伦格子的传统时尚

创始人 ◆ 托马斯·巴伯利　创始时间 ◆ 1891 年　创始地 ◆ 英国·伦敦

巴宝莉，这个典型传统英国风格品牌已在世界上家喻户晓。它就像一个穿着盔甲的武士一样，保护着大不列颠联合王国的服装文化！

Burberrys

　　1835 年，托马斯·巴伯利以出色的工艺设计了一种防水大衣，这种防水衣深受爱德华七世的欢迎，由于爱德华七世习惯性地命令管家"给我巴宝莉"而最终得名"巴宝莉"。从此，巴宝莉成为英国最著名的服装品牌。

　　巴宝莉自始至终都弥漫着英式情调的浓郁味道，同时也将浓烈的英国贵族色彩释放得淋漓尽致。早期亨佛莱·保嘉在影片《北非谍影》中身穿的战服，奥黛丽·赫本在《蒂芬尼早餐》中身穿的避雨装，还有梅丽尔·史特里普在《克莱默夫妇》中身穿的衣服及《华尔街》中的迈克·道格拉斯身穿的衣服都是巴宝莉。

著名杂志《男装》概括了巴宝莉服装的性能特征："巴宝莉服装最能承受冷风、热风、雨、风暴，在寒冷气候下能形成良好的服装人体环境。"与此同时，满足人们对"品位和风格的要求"正是巴宝莉设计的源动力。传统的"巴宝莉格子"受到英国商标管理局的登记保护，如今更以全新的面貌展现了矜贵格纹，被无限制地运用在衣饰的每个细节。

　　1955 年，巴宝莉获得了由伊丽莎白女王授予的"皇家御用保证"徽章。今天，巴宝莉服饰已经成为了英伦气派的代名词。

Burberrys

永远的格子风情

　　巴宝莉的招牌格子图案是巴宝莉家族身份和地位的象征。这种由浅驼色、黑色、红色、白色组成的三粗一细的交叉图纹，不张扬、不妩媚，自然而然地散发出成熟理性的韵味，体现了巴宝莉的历史和品质，象征了英国的民族和文化。

　　熟悉巴宝莉的人们一看到"巴宝莉格子"就如同看到了自己心爱的品牌。巴宝莉是一个很容易引起人浪漫遐想的品牌，人们喜欢它的原因，不仅因为它一百多年的经典历史、标志性的格子图案，还有"高级时装回归奢华瑰丽风尚，年轻一代可以从巴宝莉中寻回真正传统的典范"。

　　巴宝莉，首先是英伦风格的风衣，它体现了一个时代的年轻与时尚。在这里，人们最不能忘记的是设计精良的风衣内衬，它的图案是一种格子，这格子成了巴宝莉品牌的商标，在欧美和全世界都被奉为高质、耐用的标志，这就是巴宝莉格子。

　　巴宝莉格子代表了一种英伦的生活方式。巴宝莉，一百多年的历史，身负英国贵族的文化传统。只要伦敦一下雨，大街小巷的巴宝莉雨伞和身披格子雨衣的人忽然之间都冒了出来，这样的景象在今天仍然在重复。可以说，只要一下雨，伦敦就被覆盖在巴宝莉之下。

格子在英国可谓源远流长。考古学发现，最早的格子图案是在苏格兰中部出现的，距今有 1700 年的历史。英国的格子是家族标志的象征，不同大小颜色的格子代表不同的村落、地方或家族。这也许要归功于英国国王乔治四世，他穿着苏格兰格子巡视了苏格兰，并且宣布"让所有英国人都穿着自己的格子"，英国人开始纷纷为自己的姓名设计格子图案。到了今天，英国"知名格子注册中心"注册的格子已经数以千计了。但是，不容置疑，巴宝莉格子是其中最有名的格子。格子标志是巴宝莉的招牌图案，保守、传统、古典的设计风格是巴宝莉品牌留给人们的最初印象。这种由浅驼色、黑色、红色、白色组成的三粗一细的交叉图纹，不张扬、不妩媚，自然散发出成熟理性的韵味，体现了巴宝莉的历史和品质，甚至象征了英国的民族和文化。

巴宝莉的 logo 中，盾牌象征着"保护"；武士手持旗帜上的"Prorsum"是拉丁语，意思是"前进"。从这个标志中，你可以更加直观地了解到巴宝莉——这个不断让英国传统个性品位获得崭新生命的品牌深邃的精神内涵。

格子图案是巴宝莉家族身份和地位的象征。在怀旧和创新兼具的今天，巴宝莉的格子风格成功渗透到从服装、配饰到居家用品的各个领域，历经近百年而盛名不衰。

Burberrys

大不列颠的流行风潮

没有传奇的起家历史，也没有诱人的奢华元素，创始人托马斯·巴伯利本着脚踏实地的经营和设计精神，在时装界掀起了一股大不列颠流行风潮。

1856 年，21 岁的托马斯·巴伯利在英格兰汉普郡的贝辛斯托克开了一家叫"巴宝莉（Burberrys）"的户外服饰店。由于经营有方，这家店的生意越来越兴

BURBERRY
BRIT

旺。到了 1870 年，巴宝莉已经成为当地生产户外服饰的知名商家，甚至当时一些著名的运动员也是它的常客。

曾经给布料商当学徒的托马斯·巴伯利精明过人，他在 1880 年利用新的织造方法，发明了一种防水、透气、耐磨的斜纹布，并在 1888 年获得了专利。1891 年，巴伯利在伦敦开了在英国首都的第一家店，现在那里仍是巴宝莉公司的总部所在地。

19 世纪末，巴伯利为军官设计了一种叫 "Tielocken" 的风衣，它也是今天著名的巴宝莉风衣的雏形。1901 年，巴宝莉正式受英国军方委托，为英国军官设计新的制服。此时，巴宝莉著名的 "马背骑士" 标志面世，巴宝莉公司将它注册为商标。20 世纪最初的 10 年里，巴宝莉开始扩张自己的市场，并跨出英国国门，在巴黎和纽约建立起自己的专卖店。

1911 年发生了一件轰动全球的事情，"巴宝莉" 这个品牌也因此而扬名。这一年，挪威探险家罗阿尔·阿蒙森上校率领一支五人的小分队，成功地成为了世界上最早抵达南极点的人，而他装备的就是巴宝莉品牌的户外用品和服饰。他在南极点留下了一个巴宝莉的斜纹布帐篷，以向后来者证明他完成了这次伟大的探险。在阿蒙森到达南极后，爱尔兰人欧内斯特·沙克尔顿决定首先横穿南

极大陆，而他的探险队使用的也是由巴宝莉生产的户外产品。

第一次世界大战期间，巴宝莉继续为英国军队设计军服。1924年，巴宝莉注册了它的另一个著名标志：格子图案。这种由红、白、黑、浅驼四色组成的格子图案，当时被巴伯利用在了风衣内衬上，后来几乎成为了巴宝莉的同义词。在一些字典里，"Burberrys"的意思即是风衣。凭着传统、精湛的设计风格和产品制作，1955年，巴宝莉获得了由伊丽莎白女王授予的"皇家御用保证(Royal Warrant)"徽章。后来在1989年，巴宝莉又获得了威尔士亲王授予的"皇家御用保证"徽章。1967年，巴宝莉开始把它著名的格子图案用在了雨伞、箱包和围巾上，愈加彰显了巴宝莉产品的特征。

1999年，英国最著名的时装模特凯特·莫斯为巴宝莉拍摄了一组广告片和海报。在一幅直到今天仍被奉为经典的海报上，凯特·莫斯身着格子婚纱，与身穿格子燕尾服的新郎举行了一场"英伦格子婚礼"，婚礼上的所有嘉宾都穿着带有巴宝莉格子的服饰，婚礼上的所有用具也都用巴宝莉格子作为装饰。这些海报在各地好评如潮，它不但使巴宝莉再度成为了热门的时尚品牌，而且让这个品牌迅速受到各年龄段消费者的青睐。今天，巴宝莉已经以其不朽的风尚，成为了一种生活品质的象征、英伦气派的代名词。

dunhill

登喜路

英国绅士的经典与奔放

创始人◆阿尔弗雷德·登喜路　创始时间◆1893 年　创始地◆英国·伦敦

登喜路，一个百年的品牌，从百年前开业的第一天起，保存着所有的客人在店内的购买纪录，这样的品牌怎能不成为世界知名的品牌，而所有曾经被记载的客人，又怎能不为拥有过这样的品牌而骄傲。

时装设计大师们将缤纷世界的精彩及各种几何图形、印染游戏、图腾艺术——浮现于男装上，似在泰然自若又不无得意地提醒世人：男人世界自有缤纷。正是这些出"色"表现，为久久沉浸于灰色秩序里的都市视觉带来惊喜，让以往深沉、黯淡、有点儿冷漠、过于理性、过于成熟的男装洋溢着温情味道。男人不再委屈地常年驻守于那片规范单调的服饰天地，自信、自尊、风度、更具亲和力的他们自此找到了精神的乐土。登喜路就是其中的一个。

登喜路是一个有着百年历史的华贵精致品牌，它始终坚持着为全世界追求完美生活方式的男士们提供永恒经典的产品，不断将英伦绅士文化融入到其产品的设计生产中。时至今日，它已成为男性世界的经典，绅士生活的代言人。

早在 20 世纪 20 年代，登喜路就成为英国皇室的御用供应商，威尔士亲王更大力向各国显赫要人推介登喜路产品。它的客户群忠实而尊贵，其中包括红极一时的作家、演艺界明星、各国王室政要，他们当中的每一位都堪称流行时尚的引领者。即使在战争时期，登喜路也仍然拥有英国首相温斯顿·丘吉尔这样的拥趸。

登喜路代表着出人意料的惊喜和实用特色，充满男性魅力和英国绅士风格。英国高档名牌登喜路的成就应当归功于创始人对工艺孜孜不倦的追求。阿尔弗雷德·登喜路的格言是："实用、可靠、美观、持久，同类产品第一流。"这是一百多年来登喜路始终坚持的准则。正宗工艺、一丝不苟，依然是登喜路传统的精髓，这体现在公司现在生产的各种高档产品中。一百多年来，人们的品位和爱好发生了很大的变化，登喜路把握时代脉搏，继续创造着当代英国风格和品质。

dunhill

带着潮湿气息的英式优雅

一百多年的发展历程，英伦湿润的气息，使得登喜路有着传统、优雅的一面。尽管存在着为数众多的奢侈品品牌，但唯有登喜路兼具了男性的阳刚魅力与英国式的优雅风格。

登喜路的皮具是世界上最具号召力的男性皮具用品。登喜路的皮具，不像其他一些品牌皮具那样色彩夸张，外形多变，它主张的是绅士主义和实用主义。专门装烟斗和香烟的口袋、皮面短时耐高温（防止烟头烫伤皮具）的技术等，无处不充满了登喜路对男士的特殊关怀。

登喜路的皮具具有悠久的历史，分为 Ensign、Motorities、Sidecar、D-eight、Dunhill Confidential 五个系列。Ensign 皮具系列由坚固而柔软的棕色皮革制造而成，精致、耐用，充满阳刚魅力，能为繁忙的生活增添一抹奢华气息；Motorities 系列采用防水的纯棉帆布，搭配深棕色牛皮滚边、炮铜锁扣及粗犷缝线，每款还配有独特的橙色尼龙防雨雪护罩，是出游的最佳伴侣；Sidecar 为商务皮具系列；D-eight 系列带有帆布涂层；Dunhill Confidential 系列则是商务光滑面皮具。此外，登喜路大部分的皮带均可双面佩戴，两种颜色与材质方便搭配不同款式的服装。

2004 年始加盟登喜路的著名设计师比尔·安博格、瑞查德·詹姆斯、尼克·艾森利和汤姆·波尔特已陆续推出了能演绎登喜路皮包一贯的完美与细致的经典之作，尤其是突出表现了明确的男性意味，粗犷、略带野性的拉链暗示着男性力量，细腻的纹理与带着淡淡香味的皮革则尽显男人特有的性感与优雅，而闪闪发光的金属制扣件则完全展露男人的刚毅。

一百多年的发展历程，英伦湿润的气息，使得登喜路有着传统、优雅的一面；而其创始人阿尔弗雷德·登喜路对体育、对速度的热爱，又使得登喜路拥有野性、自由的另一面。尽管存在着为数众多的奢侈品品牌，但唯有登喜路兼具了男性的阳刚魅力与英国式的优雅风格。

dunhill

登喜路男装，满足英雄的所有要求

登喜路男装百余年因秉承"所有产品必须实用可靠美观恒久而出类拔萃"的宗旨，在林林总总的男装历史舞台上，以其超凡的精致、高贵的气质，为社会各个阶层成功而富有的男士们所推崇，被誉为"英国绅士的象征"。

在任何时代，登喜路都凭借着最优质的原料、无懈可击的设计标准以及精湛的专业技术，使其产品成为同行业中无可争议的佼佼者。第一次世界大战之后，登喜路就在一则广告中这样宣称："我们自一战以后即开始专门为飞行员设计和生产各种各样的产品。"而在当时流行的另一则广告中这样写道："年轻的士兵们同样也会注重制服的剪裁和款式——登喜路则能够完全满足英雄们的需求。"这些广告所针对的人群显然是那些第一次世界大战时在空中作战的勇敢年轻人。如今的登喜路男装简约内敛，继承了英国服装的传统，不同于阿玛尼的中性和范思哲的性感张扬，它是纯粹的绅士主义，较之胡戈·波士的刻板，它多了一分平易近人。如今的设计逐渐趋向多元化，设计风格由原来的讲究华丽转为注重时尚优雅和男性魅力。不论时尚如何风云变幻，登喜路总是走在精致生活的最前端。

优雅时尚、华美亮丽的登喜路男装里最抢眼的是正式西装和休闲外套。设计师在保持传统的低调华贵和优雅的同时，融入了大量的轻松和运动元素，甚至从女装获取灵感。在保持高贵品牌形象的基础上注入温暖色彩，新古典主义风格的登喜路缔造出新一代新古典绅士。Smart Casual如今已经成为登喜路的招牌。新古典的男装回归到讲究异常与执著的风格，兼具浓郁的阳刚气息。将大不列颠的风格和魅力演绎得翩翩动人的邦德先生是smart casual的最佳诠释。自1990年起，这个虚构人物英伦版的风格坚持如一，极尽绅士风度。

此外，好莱坞影片《风流奇男子》以20世纪60年代的同名经典电影为蓝本，由英国著名影星裘德·洛扮演男主角阿尔菲。影片中的他作为奢华时尚的引导者，潇洒地游走于纽约的高级社交场所，他奢华优雅的着装和服饰也成为了本片的一大看点。登喜路也出现在该片中，辅佐主演裘德·洛演绎时尚先生的魅力风采。

定制服装往往最能体现品牌的精髓，登喜路很早就开始为客户专门定制衬衫或西服，登喜路的专业技师会为客人进行细致入微的测量、记录，并就种类

dunhill

最奢华的登喜路服饰系列，其卓尔不群的设计和独特精湛的
制作工艺，熠熠放光，超越了所有人的期望。

繁多的面料和其他选择与客人商讨。登喜路男装一般都采用 100%的意大利羊毛，用 100 支纱纺织，既无瑕疵又富有弹性。一件登喜路西装需要 140 道工序，180 次组合，全部由工艺精湛的裁缝手工制作。成品非常柔顺且富于立体感，而且能确保永不变形。尽管专门定制的登喜路服装非常昂贵，但是，你会发现整件西服的针脚及剪裁手工，无处不呈现出隐忍的奢华和难以言说的精致。

登喜路男装代表了一种生活品位和生活态度，不受传统思维约束，热烈追求生活创意和喜悦，这不仅是登喜路男装的精髓，同时也是新世纪美学特征和现代新文化的象征符号之一。

dunhill

最会享受生活的英国绅士

阿尔弗雷德一生都疯狂迷恋于速度、精准、烟草，这个英国男人性格倔强、富有才华，他是商业天才、钢琴家、驾驶好手，在他的一生中，辉煌的事业和高品质的生活都奇迹般地被这个男人享用了。

从 15 岁开始接受马车皮具学徒生涯的训练，阿尔弗雷德的卓越创造力体现在一连串的发明清单上：防风烟斗、白点标志、手调烟草等等，他将登喜路的风格定为始终有骑士影子的绅士产品：从赛马会、板球、烟草烟斗、皮具、绅士服装、腕表、香水到男人需要的一切益智精巧的小玩意。

20 世纪初期，阿尔弗雷德创造了"Motorities"系列，即汽车配饰系列产品，生产"除了汽车以外的任何汽车配饰产品"，不久，发展成为该行业的先锋。"登喜路驾车族"是年轻的阿尔弗雷德·登喜路为公司起的名字，这个伟大的事业开始于 20 世纪早期的伦敦。在当时，驾车只是少数人消遣和娱乐的方式，这些人一般都是富家的公子、喜欢冒险的贵族，或是那些富有且行为不羁的人们。

当维多利亚时期年轻的赛车手们终于得以真正地放开手脚，将汽车驾驶到极致，享受愉悦、疯狂而刺激时，适合身份的驾车服就成了问题，需要配备一些特殊的服装。而阿尔弗雷德·登喜路正是为他们提供

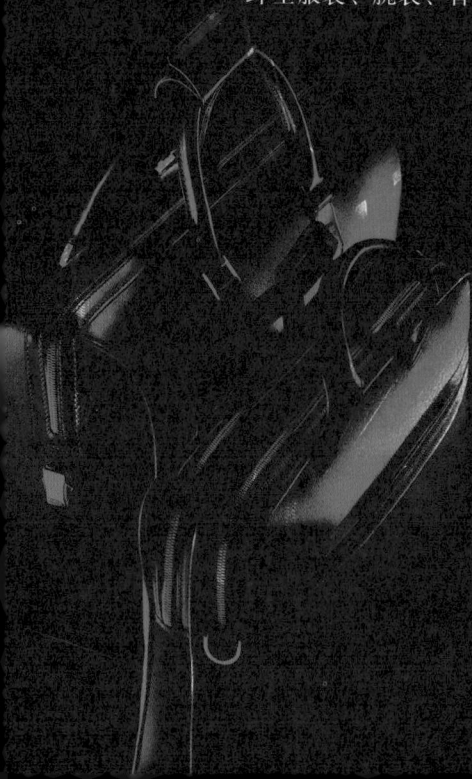

这种装备的人。

从阿尔弗雷德·登喜路一百多年前开设他的第一家汽车配饰产品专卖店开始，到21世纪初所赞助的国际汽车赛事，这种无畏的冒险精神贯穿了登喜路发展历史的全程，并成为登喜路的风格和特点。这份冒险精神加上对奢华独到的理解造就了登喜路辉煌的今天。

20世纪早期富有而讲究的汽车驾驶者们，都以拥有登喜路的驾车装束为荣。阿尔弗雷德·登喜路采取了奢华的走向，他认为世上总有一些人愿意为产品的卓越品质而支付额外的费用。他说："我在汽车配饰产品方面取得的成功，同时证明了如果我们的产品能够完全满足上层人士的期望，那么赢利只是一个时间问题。而且相对于卓越的品质，价格并不那么重要。"

登喜路拥有一个忠实而尊贵的顾客群，他们每一位都是当时流行时尚的引领者。这份名单包括：西班牙阿方索国王、挪威肯特公爵、埃及国王法鲁克、荷兰王子贝恩哈德、印度大公，以及萨默塞特·毛姆、奥利弗·哈代等等。登喜路在战争时期最著名的顾客是英国首相丘吉尔。战后，众多明星也加入了登喜路客户的阵营。温莎公爵是英国王室成员中最后一位对潮流趋势和时尚品位带来巨大影响的人物。当年的温莎公爵，就好像是将邦德和大卫·贝克汉姆等人的时尚品位和优雅风度集于一身，虽然这在目前看来似乎是不可能的。在第一次世界大战之后，大西洋两岸的时尚男士们都痴迷于追随和模仿年轻的王储在穿着方面的所有喜好，从公爵的领带到他裤子的翻边等所有的穿衣细节。他们到公爵所光顾的购物场所去购物，当时他最常去的地方就是登喜路的精品店。

dunhi

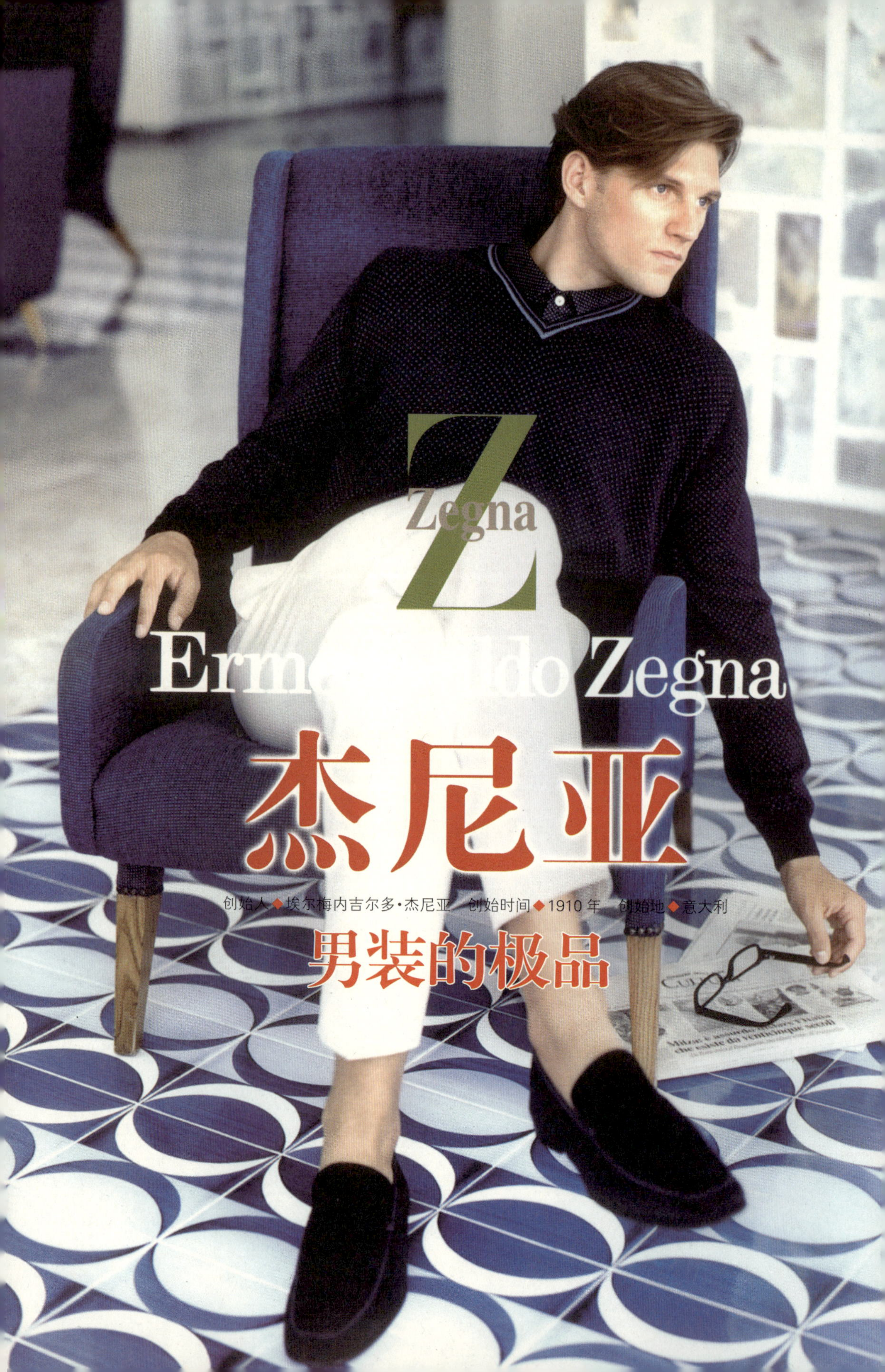

Z
Zegna

Erme**naldo** Zegna

杰尼亚

创始人◆埃尔梅内吉尔多·杰尼亚 创始时间◆1910 年 创始地◆意大利

男装的极品

杰尼亚是男装中的极品之一，是个性与艺术性完美组合的作品。杰尼亚上乘的面料通过高级制作师的精心雕琢，细致剪裁，周到呵护至每个细节，穿着舒服。将传统工艺和现代智慧有机地结合，使杰尼亚特有的梦幻般的面料把男装艺术发挥到淋漓尽致的地步。

Z
Zegna

不可否认，人们往往会选择巴黎高级时装秀，去感受法国式的优雅高贵，到伦敦洞察一切新奇的充满个性魅力的时尚动向；人们还会将更多的眼光投向美国，星光灿烂的好莱坞成了全世界时装大师们最好最大的秀场，美国的时装也由此生机勃发；人们或许还不时关注东京甚至西班牙——只要有能力创造新时尚的地方。但是要了解国际最权威的男装趋势，要选择做工精良使人身价倍增的男装，意大利则是人们的首要选择。

作为众人看齐的权威，意大利男装杰尼亚在其一贯坚持的实用、优雅的传统中，展示出设计师们非凡的艺术创造力，或含蓄或大气的处理也确实让杰尼亚男装在男人身上体现更多的厚实质感，坚毅阳刚，而非昂贵的虚荣。

在意大利，所有关心自己外表、喜爱新潮的男人，无论是政治家还是花花公子，都愿意身穿杰尼亚。就连美国前总统克林顿、法国前总统密特朗、英国王子查尔斯、好莱坞影星克拉克都曾在公开场合以杰尼亚示人。他们知道，世界顶级男装杰尼亚是男士展示自我、追逐时尚的首选。它的每一款产品，均精雕细琢追求至善至美，以名师手笔专为成功男士特别缝制，有着极高的艺术美感和审美情趣，因而也就自然而然地成为身份、地位以及现代生活格调与时尚的象征。

Ermenegildo Ze

Ermenegildo Ze

Ermenegildo Zegna

杰尼亚的男人精神

杰尼亚服装在正统中糅合时尚，在庄严中掺以浪漫，在矛盾中诉求共鸣，形成了卓尔不群的设计风格。为成熟、优雅、富有感染力的男士所推崇。杰尼亚男装向我们展示了服装的最新理念、材料选配的最新方案，向全世界的男人诠释杰尼亚的男装精神。

西服绝不是千人一面的制服，其魅力在于个人风格的塑造。心粗气浮的人不屑一顾的细微之处，正是男西服的精华所在，也是表现穿着者审美趣味和鉴赏水平的地方。杰尼亚的设计师们对服饰选择与搭配有着他们自己独特的见解，他们对于服装的最新理念、材料选配的最新方案，犹如魔术般的"炼金术"向全世界的男人诠释杰尼亚的男装精神。

面料是杰尼亚男装非常重要的一个元素。杰尼亚原先是一家为高档男装提供面料的纺织品公司，到了20世纪60年代，这家公司开始涉足制衣业。面料经营积累下来的多年经验和自家拥有的纺织厂，使杰尼亚公司很快晋升为意大利男装行业中的领头羊。杰尼亚公司从创立以来，一直从世界各地购买优质原料。从澳大利亚购买羊毛，从南非购买马海毛，从中国购买羊绒和丝绸，从埃及购买棉花。这样，在一定程度上保证了杰尼亚服装的用料考究地道，具有可靠的质量优势。一套"杰尼亚"品牌羊毛西装穿过以后，只要放回衣柜用衣架挂上六天，西装上的褶皱就会自然拉平，看上去就和刚刚熨烫过的一样，由此可见其面料品质之精良。有一位男士就曾定做了一套全手工的"杰尼亚"全球限量版西服，价值人民币13万元！这种限量版的西服是用12~13微米的羊毛精纺而成，用肉眼看甚至比丝绸还要薄，全部在意大利设计，并根据面料对气候的要求在瑞士制作，纽扣是采用兽类最坚硬的角质做成，而想

Ermenegildo Z

要这样一套西服，还要等上几个月的时间。正因为品质优异，杰尼亚制作的高档男装所吸引的消费者包括了各国政界名流和各路明星。

高贵的基因，高贵的传承

杰尼亚服装将近百年的成功而屹立不倒，全赖杰尼亚家族卓尔不群的设计风格，既能不断地创造时尚，同时又要注重传统。作为一个百年品牌，杰尼亚一直挑战观念，并不断改革创新。

1910 年，年仅 20 岁的创办人埃尔梅内吉尔多·杰尼亚接手父亲的纺织生意，这个小型纺织工厂用只有三个羊毛线圈的材料，开始制作羊毛布料。布埃尔梅内吉尔多·杰尼亚是当时首位推出个人品牌布料的人，而凭借优质原料及精细手工，品牌迅即于服装界扬名。到了 1938 年，产品出口到世界四十多个国家。

1966 年，埃尔梅内吉尔多·杰尼亚去世后，由他的两个儿子全权接管家族企业。两兄弟齐心协力，在继承其先父遗志创造一流品质的纺织布料的同时，又推出了世界一流的男装品牌——杰尼亚。从那时开始，杰尼亚生产几乎所有的男士衣物，从不生产女装。在男士衣物方面，杰尼亚不断拓宽经营范围，从衣服到裤子，从衬衣到领带，从皮鞋到皮包，从风衣到雨伞，形成了男士着装的完整系列。杰尼亚希望以自己的品牌产品，将男士从头到脚武装起来，以彰显完美的、高贵典雅的文化品位。

如今，杰尼亚集团是名副其实的世界男装潮流的领导者。它的服饰一向精致无瑕，优雅古朴。长期以来，杰尼亚从不追求新奇的款式和华丽的色彩，而是凭借精美的面料、无与伦比的剪裁以及极高的制作品质享誉世界。

杰尼亚集团是一个家族企业，公司的发展和传承就像是具有 DNA 遗传物质一样。杰尼亚的风格和价值观都在一代一代不断相传。与埃尔梅内吉尔多·杰尼亚时期一样，目前为止，杰尼亚集团的传统和信仰一直都没有变过。那些关于杰尼亚的故事不但在杰尼亚家族成员和集团员工中流传，同时它也在杰尼亚全球众多的忠实消费群中生生不息。

CHANEL

香奈尔
回归自然就是品位

创始人 ◆ 嘉布莉埃·香奈尔　创始时间 ◆ 1913 年　创始地 ◆ 法国·巴黎

有人说，拥有"香奈尔"，一直是女人的美丽梦想。在 21 世纪的今天，还有哪个品牌能得到一家三代——祖母、母亲、孙女的同时钟爱，那首先是"香奈尔"。"香奈尔"对整个世纪来说是"经典"，是"永远的时尚和个性"，更是一个"浪漫传奇"。

🆑

无论时尚如何风云变幻，多少天才的设计师来了又去，可可·香奈尔的名字以及她所亲手创立的香奈尔王国，却永远地刻印在时尚舞台的正中央。香奈尔版本多样的身世背景、复杂却绚丽的罗曼史、开放而独立的思想观念以及特色鲜明的服饰风格，都为后世的人们所津津乐道。

可可·香奈尔本人似乎已经成为一个时代的偶像，而香奈尔的商标也成为高品位的经典标志。香奈尔最了解女人，香奈尔的产品种类繁多，每个女人在香奈尔的世界里总能找到合适自己的东西，在欧美上流女性社会中甚至流传着一句话——"当你找不到合适的服装时，就穿香奈尔套装"。香奈尔也在她的自传中说："我决定了四分之一实际的时装风格，因为我是我的时代的产物，重要的是我在合适的时候做了合适的事情，时尚来来去去，而风格是永存的。"

🆑

香奈尔的崛起与服饰巨变

香奈尔是一个有将近一百年经历的著名品牌，香奈尔时装永远有着高雅、简洁、精美的风格，它善于突破传统，早在 19 世纪 40 年代就成功地将"五花大绑"的女装推向简单、舒适，这不仅只是服饰的一次革命，更是新女性运动的一次创举。

19 世纪 20 年代，礼服大衣和燕尾服成了流行的日常服装；尔后，西装服式风靡世界各地。随着服饰改革的迅猛发展，轻松、舒适、简便、大方、少饰件的男装，成了反映新时代精神风貌的主流。然而，女服的演变却较缓慢，相当长一段时间仍保留了希腊式的古典风格。19 世纪的女装，受其时代的局限变化不大，服装仍是女性的一种装饰品。当时的上流社会虽然形形色色、有国际化性格，但却没什么人物特别突出。这是一群聪明、好玩又有世界观的人，但他们在服装上却相当盲从。香奈尔服装的出现，彻底遗弃了束缚女性身体的束腹，裙摆上移至膝盖处，裤装逐渐流行，发型也以男孩式的短发为时髦，这在服装界掀起了一阵轩然大波。第一次，女装出现了简单的直线条轮廓，使女

人们的身体真正从紧绷的束腰中解放出来。有趣的是，当时被视为"大胆出格"、"不同寻常"的香奈尔服饰，在今天却成为优雅、经典的代名词。

当时的香奈尔决心卸下女装上的杂物，让服装切合实际。这种倾向，在她初出茅庐时发表的卡南基爱帽中已经表现出来。帽子扎实地戴在头上是为了防风，这一追求实用的全新观念，是香奈尔成功的秘诀。

香奈尔套装的诞生主要受英国男装的影响，这与她的英国情人卡佩尔有关。她使用坚固的粗花呢，推出了后来成为经典的女装式样。她一贯主张裙长接近膝盖，深信这一长度既便于活动，又能表现美感，并且适合各种年龄。

1929年，香奈尔突然在女装上启用黑色。这样，黑色夜礼服便征服了世界。在过去的服装史中，除了丧服，黑色从未在这样正式的场合里出现过。继黑色之后，香奈尔又推出了白色。这种色彩感觉，体现在任何服装上，并且对室内装饰产生了极大的影响。

香奈尔曾说："时装，流向街头，但我否认它来自街头。"及时看准时代的潮流，把明天的女性风貌在时装中体现出来，这是绝对自信的香奈尔的语言。首先，她意识到自己的作品，自己是最先穿着的人。从女性的心理、生理来考虑设计，是绝对的道理。香奈尔不承认偶然的、随意的、单凭兴趣设计的服装。香奈尔，一个具有丰富人生经验的成熟女人深信，流行无论怎样变化，在服装上

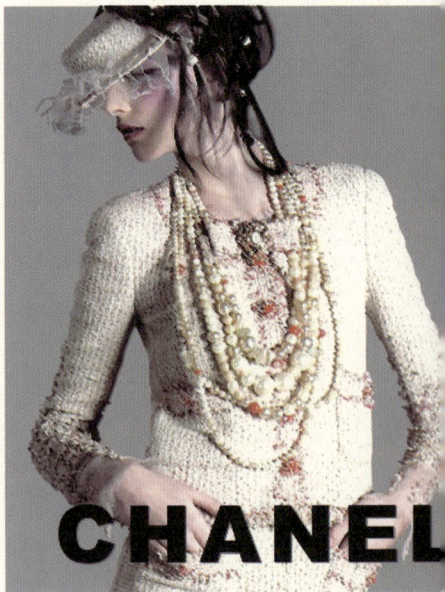

CHANEL

最终是回归自然。因此，她的套装原型被称为经典。

　　把手放在大大的口袋里散步，在现在是很自然的事；然而，那种无法形容的解放感和一点点的伤感，对于 20 世纪初的女性无疑是没有的。香奈尔不单在根本上改变了女装，还准确地把握了时代的感觉。她带来的不仅是时装形式的解放，更多的是女性精神的解放。而香奈尔自己，一面摸索着女人的幸福，一面在孤独中激励着自己。

　　单纯、富有朝气——是香奈尔给女性的洒脱哲学带来的最大的赠物。所谓的富有朝气，不是说年轻的女孩，而是说女人在漫长的一生中富有朝气。此外，必须单纯。这是她至死未变的观点。

回归自然就是品位

　　香奈尔说过一句话："风格就是我！"她的服装风格就是她个性的直接翻译，语言材料是布料和扣子等等，直截了当才是香奈尔。

　　香奈尔风格的本质即自然。香奈尔的自然风格使得服装设计更加高雅。新潮不过是颜色和姿势的组合，追求一种优越感和拔高的效果。但对香奈尔来说，却关系到线条的运动。她说："服装应该有生命力，就像穿着它的女人一样能自由运动。"

　　运动女裙、开襟羊毛衫外套、两件和三件套装、黑色短裙——每一种时装都曾经作为主角流行了十几年。是香奈尔在设计中将它们合成一体，使它们成为流行服装。她曾经写道："我想要找到身轻如燕的感觉，于是，我就设计出更轻薄的时装。在我年轻的时候，女人看上去与男人完全不同。她们的服装违背自然。我把自由还给了她们。我给了她们真正的手臂、真正的腿，我

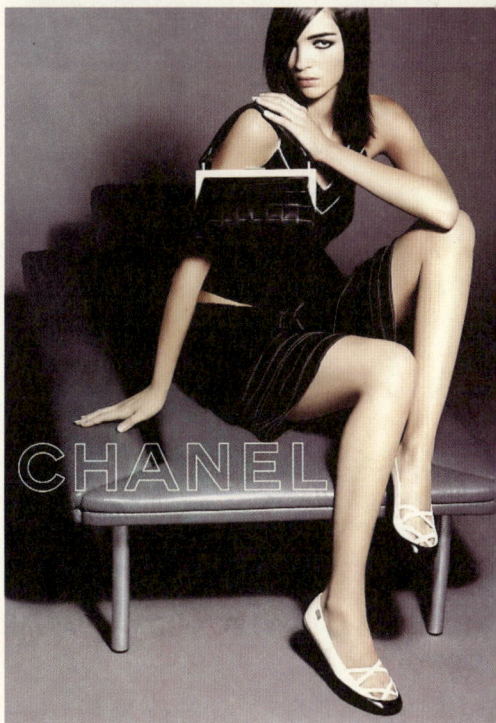

在进行一场值得信赖的解放运动。"

香奈尔说："时尚开始成为一个笑话。设计师们似乎已经忘记是女人们穿着裙子。大部分女人穿衣服要么为了讨好男人，要么为了引起羡慕。但是她们必须要动起来，进入车子里而不要将衣服的合缝处撕开！服装必须有一个自然的形状。"香奈尔一向认为，服装要能随着身体活动才行。服装在裁剪上应该让穿着者感到过大，这样在她静止不动时，衣服才能自动调回正确位置。肩部是重点所在，衣服靠肩部撑起，若此处出现问题，前面就不会动，后面也会扭曲。衣服的背部也应多留出 10 厘米，这样才能让你弯腰、穿鞋或打高尔夫。尽管女人的身材各不相同，但裁剪合适的服装人人合穿。

香奈尔的风格就是万事顺其自然。她雄辩地说服了全世界一心向往贵族气的夫人小姐，回归自然，就是品位；回归，也就是回归女性被扭曲装饰了的性感。无论是香奈尔本人过去的设计还是现在卡尔·拉格菲尔德的设计，都真实地展示了一种与时俱进的震撼。

现代女性衣着的革命先锋

谁是时装发展史中最具天赋的设计师？人们往往脱口就说出最重量级的人物可可·香奈尔。她超越生命极限的设计和崇尚自由、随意搭配的风格，把女性从笨拙的佝形扭曲的束缚中解放出来；她强调优雅简洁而方便的服装，成为现代女性衣着的革命先锋。

法国前文化部长马尔罗曾经这么说，20 世纪法国有两个名字可以永垂不朽：戴高乐和香奈尔。被众多爱她的人亲切地叫做"可可"的香奈尔是在小姑娘时悄悄从法国外省乡间走来的，走进了神话、童话和诗话交织混杂的巴黎，也走进了荣华富贵、鼎盛繁荣当中，创造了一个时尚王国；又走出喧嚣，悄悄逝去，走完了漫长而色彩绚烂的人生，也走完了一个神话、一篇历史，而给我

们留下的是一缕淡雅悠远的馨香……

嘉布莉埃·香奈尔这位当之无愧的时装女王，1883 年生于法国奥弗涅省一个不起眼的小镇索米尔，6 岁的时候她被父母相继遗弃，孤儿的生活磨练了她的意志，同时还赋予她智慧和洒脱的气质。香奈尔从小就具备坚定顽强的性格：独立思考的顽强，寻求幸福的坚定。连她的爱称"可可"，都是两句同雄性有关的歌词合成的，第一句是"Ko-Ko-Ri-Ko"，是法兰西人描绘雄鸡高声啼叫的声音；第二句是"Quiqu' avuCo-co"，意思是"谁见到了可可"。

香奈尔的三件创造——香水、套衫和上装，足够女性享用几个时代、若干世纪。这一切都出自独具匠心的一双纤纤素手。香奈尔开创了整个时代，普通妇女靠香奈尔获得了一种另类的狡黠慧美。香奈尔让妇女们从容优雅又简洁朴实地穿衣戴帽，使女性感觉自己已经不再是男人的玩物，而是要展现自我。

"伟大的时装设计师是思想里面装着未来的人，她属于另外一个世纪。"香奈尔这么说。那么，未来又是什么呢？未来代表一种不经意之间的创新。香奈尔同许多男人打过交道，她特别能够在男人们身上吸取精神和灵气，并且用到她的服装设计上。在香奈尔妇女时装的背面，我们往往可以看到男性服装的零件和精神，像男性运动衫、领带等等。模仿男性反而取得解放，而正是这些不起眼儿的硬件、软

件，构成了香奈尔上升的第一个阶梯。

对于传统的高级面料和剪裁，香奈尔一直反感。在西方，锦缎上再织上浮雕似的花样是上品。从前只有王公贵族和"醉心贵族的小市民"才能穿得起这样的衣服，在当时则大多是暴发户趋之若鹜。可是，香奈尔并不喜欢在锦缎上再织上浮雕。香奈尔讽刺说，穿着浮花织锦，一坐下去就活像是一把椅子。

香奈尔1916年到巴黎闯荡，她的时装业兴起在第一次世界大战后（1918年），直到二战爆发前（1939年）。这20年相对的平静是强壮的催化剂，在这片阳光雨露当中，香奈尔的时装开始风靡欧洲：小黑连衣裙、小女裤等开始占据巴黎，进攻伦敦和袭击纽约，这一切都从她那神秘的裁缝铺子走向世界……评论家惊呼，这是黑压压一片"黑彩幻化"。这时，香奈尔结交的已经是名人贵胄了，如从英国来的富豪西敏公爵，俄国来的作曲大师斯特拉文斯基，侨居法国的俄国芭蕾舞团团长、舞台大师佳吉列夫，以及大画家毕加索等。香奈尔还经常主持服装表演，出入豪华酒店，出席各种盛宴酒会。

香奈尔终身未婚，情人不计其数，却没有一个是同她喜结连理的。每一次情人离她而去，香奈尔就会一头栽进她的女装设计，这时，她头脑里面的"未来"就浮现出来。香奈尔一直工作到生命的最后一刻。她孤身一人，一辈子都让人叫她"小姐"。她住在巴黎最豪华的酒店之一——丽芝，从她的服装工厂到酒店她永远踽踽步行来去。1971年1月10日，她从工厂回来，想在单人床上睡上几小时。她躺下了，就再也没有起来……

PRADA

普拉达

创始人◆马里奥·普拉达 创始时间◆1913年 创始地◆意大利·米兰

意大利文化的完美结合

普拉达的忠实支持者都属于较成熟和经济比较充裕的成年人。尽管它以精细、精简为名，简简单单的设计格局，没有多变俏丽的装饰，但普拉达绝不是那些平庸之人所能享用的。

PRADA

普拉达这个拥有近百年资历的著名品牌，在国际顶级服装界中还是一个充满活力和朝气的新生代。普拉达在箱包及皮具配件的制造业里有着悠久而辉煌的历史，其名号甚至在欧洲皇室都留下了浓墨重彩，但对于服装来说，它却只有短短不足二十年的历史，而这样一个年轻的品牌却可以与迪奥、香奈尔、纪梵希等并驾于顶级服饰品牌之列而迅速得到人们的认可和青睐，可见必有其不凡之处。

只要把普拉达和服装这两个词联系在一起，很多人都会立即在脑海中浮现出干净利落明朗的服装轮廓以及处理得极为精致细腻的局部，华贵之中展现简洁的庄重。普拉达的服装在很大程度上秉承了其皮具制造的硬朗风格，并沿袭了皮具制造的简洁、精细和俊朗。正是这样的服装风格恰与 20 世纪 90 年代所倡导的简约主义的主旋律完美契合，适时地出演了一场风靡全球的完美乐章。

PRADA

简到极致即是时尚

意大利人注重家族观念，时尚工业也不例外，普拉达就是其中的代表。普拉达家族要求，所有普拉达的工人要流着意大利文化的血液。因此，普拉达所有的产品，无论是皮具、服装，都继承了罗马文化。

高贵、典雅、硬朗是普拉达皮具一贯的风格，自从 1913 年，当普拉达的创始人马里奥·普拉达创立这一品牌开始，就注定它要走高消费路线，当时普拉达的顾客几乎都是意大利的名门闺秀。即使在今天，普拉达这个百年老字号，非但不因年岁老迈而显得笨拙痴呆，反而在花哨的时装潮流中，秉持它一贯精致的作风，显示了普拉达人到中年后那种成熟庄重又非常典雅的风韵。普拉达自成一格，让人想起孤芳自赏的古代庄周，管他人说什么，自己自在快乐！普拉达更以精致的皮革产品，如手提袋、鞋等饰物而显得有声有色。凡是有能力的女人无不以拥有普拉达一两件产品为荣。

提到普拉达就不得不提到马里奥·普拉达的孙女——米西娅·普拉达。米西娅·普拉达接管普拉达之际，普拉达仍是流传于欧洲、代代相传的家族，但由于缺乏创新与突破，面临着破产的危险。米西娅·普拉达开始寻找和传统皮料不同的新颖材质，历经多方尝试，从空军降落伞使用的材质中找到尼龙布料，以质轻耐用为根基，"黑色尼龙包"一炮而走红！一反当时潮流的设计赢得不少赞美，普拉达极简主义应运而生，而普拉达的简约，带有一股制服美学般的设计，正好与潮流不谋而合。一时间旗下男女装、配件成为追求流行简约与现代摩登的最佳风范。

普拉达亮眼的表现主要归功于米西娅的设计与现代人的生活形态水乳相融，不仅是布料、颜色与款式，其设计背后的生活哲学正巧契合现代人追求切身实用与流行美观的双重心态。在机能与美学之间取得完美平衡，不但是时尚潮流的展现，更是现代美学的极致。

米西娅·普拉达本身就是个爱把旧衣服当新衣服穿的人。用她的话说，这是意大利嬉皮士的装扮习惯，具有浓郁的艺术气息。自从她接管普拉达以来，她就以"小变"为主，突出了波希米亚的风俗。可以说米西娅这一招奏效了，因为普拉达原本就是走精致、精简的路线，如此一来，新的普拉达像是脱胎换骨似的"大变"一场。从20世纪90年代中期开始延续至今，普拉达几乎成为引领趋势的带头品牌之一，与古驰等著名时装品牌共同带动着时尚风潮。

米西娅·普拉达说："或许我有种总想尝试不可能的个性。当我发现有些事情不可能实现时，我就意识到那恰恰正是自己要努力的方向。我总是试图把对立的、不和谐的事物融合在一起。并且，我通常会同时对六七个不同的概念感兴趣，并试图把它们和谐地表现出来。我们所设计和生产的基本上是当前市场上没有的东西，所以，每一个系列的问世，都经过了通透的钻研和考查，选用的可能是现代技术，也可能是古老工艺。例如，当我们决定用金箔的时候，我们就要求法国古老的作坊重新采用他们已经停止使用的原始制作方法。"正因为此，普拉达的每个系列都充满了令人兴奋和意外的元素，而这些

只是证明了米西娅·普拉达无穷尽的想象力和创造力。她说："我从来不会迷失，面对纷繁变幻，总是相当理智和清醒。我从来就没有害怕过任何变化。"

PRADA

时尚界的丑小鸭与白天鹅

普拉达的品牌故事完全是丑小鸭与白天鹅故事的翻版，是一个家族与一个女人的故事。米西娅·普拉达这个拥有着如政治家般严谨冷静头脑的设计师，以女性内心尖锐的感悟力，推动普拉达在时代前沿登峰造极。

20世纪初，美洲与欧洲之间的交通十分频繁，意大利工匠马里奥·普拉达决定设计生产一系列针对旅行使用的皮件产品，于是在米兰开了一家行李用品公司，主要致力于生产和销售皮包、旅行箱、皮制配饰以及化妆箱等旅途中使用的高档品。在运输工具尚称不上便捷的当时，为了追求最好的品质，马里奥坚持向英国进口纯银，由中国输入最好的鱼皮，从波希米亚运来水晶，甚至将亲手设计的皮具，交给一向以严控品质著称的德国人生产，可见其追求完美的态度。马里奥所创建的这家行李用品公司很快就成为当时皮具产品及其他顶级豪华商品的大牌，得到了皇室和上流社会的宠爱和追捧。

不过，当时普拉达家族有一个规定，就是女人不能参与公司的管理工作。直到1958年马里奥去世，他的女儿才不得已接手父亲的事业。然而，到了20世纪70年代中期之后，普拉达由于受到古驰、爱马仕等竞争对手强有力的挑战，公司面临极大的困难，几近破产边缘。曾经风靡一时的普拉达处在最黑暗低潮的时期。谁也料想不到，救星即将来自家族内部的另一位女性，她在短短十年内重树家族雄心，并建立起意大利时尚地图上最夺目的时装帝国。这个女人就是马里奥·普拉达的孙女米西娅·普拉达。

当时的米西娅·普拉达，还在校园的滑稽剧社团里扮演着活跃分子的角色。这个黑眼睛的米兰姑娘是有着60年历史的

从普拉达的设计中，你会发现20世纪20年代的裙装风
格，线条轮廓的重新组合和面料印染的改变，看上去复古又
时尚，精巧别致的印花表现出观念性的浪漫主义。

普拉达家族继承人，但她在进入大学的时候却毫不犹豫地选择了政治学专业，并且加入了意大利共产党。然而在那个满街人都穿着嬉皮服装的年代，出生在时尚大家庭的米西娅·普拉达多少显得有些与众不同，她有着左翼的思想和激进的女性观点，却又迷恋着香奈尔、圣罗兰那样的名牌女装。

米西娅·普拉达了无牵挂的校园生活在1978年宣告结束。这一年，母亲向米西娅施压，要她加入到家族事业中来。毫不情愿的米西娅·普拉达勉强接手了举步维艰的家族企业，然后交给未婚夫来负责管理，自己则躲到一边去完成学业，直到政治学博士学位到手。

米西娅对时尚行业并不陌生，但是她受命接管普拉达时，并没有足够的心理准备。直到1987年，米西娅·普拉达在一次商品展览会上偶遇帕特里齐奥·贝尔泰利，两人一见钟情后坠入情网，最后成为人生的伴侣，才揭开了普拉达的新篇章。帕特里齐奥·贝尔泰利是一位充满创造力的企业家，不仅建立了普拉达全世界范围的产品分销渠道以及批量生产系统，同时还巧妙地将普拉达传统的品牌理念和现代化的先进技术进行了完美结合。

米西娅·普拉达女性内心尖锐的感悟力与帕特里齐奥·贝尔泰利男性缜密清晰的逻辑思维，两者的强势互补，推动普拉达在时代前沿登峰造极。历经二十多年的努力与奋斗，这个历史悠久的品牌不断地发展与演变。通过米西娅·普拉达与帕特里齐奥·贝尔泰利的默契合作，普拉达真正成为世界顶级的奢华品牌。

GUCCI

古驰

尊贵、性感的奢侈巨兽

创始人◆古奇欧·古驰　创始时间◆1921年　创始地◆意大利·佛罗伦萨

古驰就是会挑起人想拥有它的欲望。任何人在面对古驰时，那多年引以为傲的理性、自以为已经修炼到不错的从容，都斗不过它所引起的失衡。

古驰，只是听到这个名字就会让人牙根生痒。就算你用最谦虚的语调对朋友说，你刚买了一件古驰的外套，朋友还是会对你牙根痒痒。不要责怪朋友的态度，因为古驰就是会挑起人的欲望。任何人在面对古驰时，那多年引以为傲的理性、自以为已经修炼到不错的从容，都斗不过它所引起的失衡。这种效果是由古驰数代大师几十年来辛苦经营造就的，他们使尽手段就是要达到一个目的：在古驰面前，人人不平等。

八十多年来，古驰品牌时装一直以高档、豪华、性感而闻名于世，以"身份与财富之象征"品牌形象成为富有的上流社会的消费宠儿，一向被商界人士垂青，时尚之余不失高雅。《纽约时报》甚至称之为"古驰疯狂"：有钱阶层和飞机头等舱的乘客，为了展现自己的"品位"，为了符合自己的身份，出门一定离不开古驰的行头，就连在飞机上睡觉用的遮光眼罩，也赫然印着古驰银色的标志。今天的古驰，俨然是新世纪的流行指标。

双 G——古驰家族高贵的基因

怎样的基因保证古驰血脉的纯净？哪些要素是塑造古驰品牌的核心？觥筹交错的名利场中，什么才是通行的法则？也许，一个传承了一百多年的名字——"双 G"就足以证明一切。"双 G"就是一种价值，就是古驰这个高贵血统的家族的基因。

是什么让古驰成为消费极品而站在物欲社会的巅峰，接受从王公首脑到凡夫俗子的顶礼膜拜？古驰的创始人古奇欧·古驰早就发现，上流社会的精英名流都是十分"坚持完美"的，因而展示设计上的体贴入微和品质坚持，是丝毫不可松懈的。这样的"坚持"成了古驰享有声誉的金字招牌。

是什么让古驰创造了工业社会的奇迹成为艺术与商业的完美结合，使得大千世界芸芸众生将其视为能够世代相传的世间珍品？古往今来，意大利的、欧洲的乃至世界各地的艺术精髓都在这里得到了充分的继承与发展，并潜移默化地渗入到佛罗伦萨的各行各业甚至日常生活之中，为当地传统的手工制作如制革、服装业的发展打下了坚实的基础。古驰这个著名的国际化品牌就是在此造就的。从创业之初起，古驰产品从设计、生产到销售方式上就流露出佛罗伦萨人特有的艺术天分，赋予了意大利服饰极具魅力的品质象征，其品牌高度融合意大利风情文化、经典、传承、个性、时尚，充分体现了现代人丰富的情感世界与个性化的生活态度。欧洲风格、意大利风格，更确切地说就是佛罗伦萨风格的古驰产品迅速征服了各国的消费者。

又是什么让古驰在岁月的流转中傲视群雄，颠覆了商品的价值与使用价值的"资本论"，拥有了让人瞠目结舌的昂贵身价？历代古驰的设计大师都是些不甘寂寞的家伙，他们制造出一拨又一拨的流行潮，驱赶着人们不断去寻求新鲜与惊奇。古驰时装一直都是"身份与财富的象征"，到了汤姆·福特时代，更是为古驰增添了一抹别样的色彩，为更多的时尚人群带来了与众不同的感受。"性感"历来就被设计师们从许多不

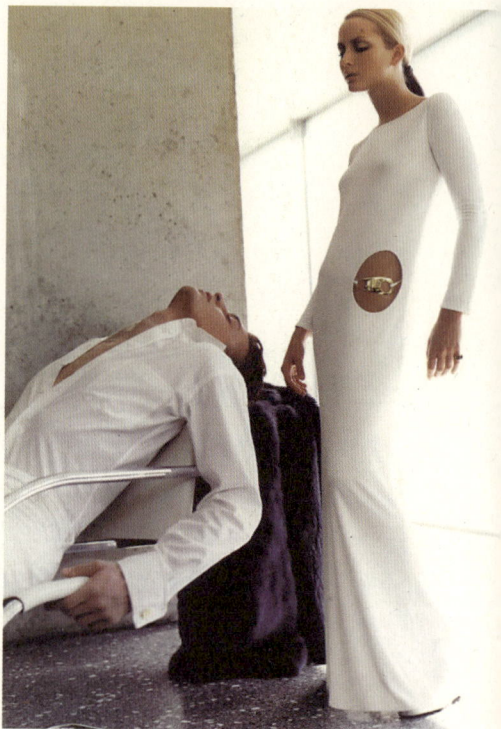

GUCCI

同的角度诠释着，但不可否认，由汤姆·福特创造的古驰的"性感"是其中最令人难忘的。之后的芙瑞达·基阿尼尼，使古驰放弃了名流路线，但这并没有背离古驰的精神：一直以来，古驰的性感更多地表现于裸露的美背，而不是赤裸的袒胸，汤姆·福特注重设计的明星效应，但他打造的绝对不是急于暴露自己的三流明星。只不过，从前古驰的那些适合穿去派对的礼服功能重在抢镜，一副舍我其谁的派头，而今天的那些礼服则像是朋友聚会上的女主人，优雅之外多了一份亲和力，让人在敬重羡慕之余还想与之贴近。芙瑞达·基阿尼尼对此这样说："我还会继续保持古驰的'性感'，但不会以那么夸张的方式。我会将'夸张'二字从古驰的词汇表上一笔勾销！从豪华轿车中跨出来的女人、派对女王，这些想象中的女性形象，在我看来并不是真正购买古驰的女人希望获得的形象，那种更自信、充满乐趣好奇心的女人更容易把我打动。"所以，今天的古驰似乎表现出了更强的可穿性，20世纪90年代这个品牌建立起来的那种危险诱惑的形象宣告结束了，明朗健康的形象已经成为古驰的主旋律。

　　不管古驰如何变化，似乎都没有人纠缠于还要不要买古驰的问题，也许，一个传承了近百年的名字已经可以证明一切。"双G"就是一种价值——至少，在高级成衣纷纷在第三世界国家寻求加工的今天，始终坚持百分之百意大利制造就已经让价签上的数字理直气壮了。

古驰背后的巨人

　　古奇欧·古驰让古驰品牌成为全世界消费者共同追逐的目标，汤姆·福特让性感的古驰创造了一个无敌的神话，芙瑞达·基阿尼尼则让古驰更接近于它本身……近百年的奢华之路就这样成就了古驰这一个奢侈巨兽。

　　当古驰的创始人——古奇欧·古驰尝试着把自己的名字印在他所出售的商

品上时，他根本就没有想到他的做法多年后竟然成为了各大奢侈品牌倾羡的对象，而古驰也从此成为全世界消费者共同追逐的目标。1898年，年轻的古奇欧·古驰怀抱着梦想来到英国伦敦，并在一家旅馆谋得一职，虽然那不是他最满意的工作，但他却因此而了解了当时上流社会的人们的喜好。几年后，古奇欧·古驰回到意大利佛罗伦萨，并在那里开了一家专门卖行李配件和马具的小店，当时印在商品上的商标就是古驰最早的雏形，那是在1921年。

短短几年，古驰就得到很多顾客的认可。1937年，古驰首次推出系着马匹的马术链，以表达它对20世纪初意大利马术时代的一个缅怀，从此让其大受欢迎。至今，古驰镶有马术链的麂皮休闲鞋仍是鞋类历史上的一个典范，就连美国大都会博物馆都收藏了一双。

1947年，古驰推出第一款竹柄手提包，它的设计灵感来源于马鞍的侧面，一经推出就获得众多名人（包括格蕾丝·凯利、伊丽莎白·泰勒及博德拉·克尔等）的青睐，著名导演米开朗琪罗·安东尼奥尼更是在其拍摄的影片中多次使用古驰的这一款竹柄手提包。至今，竹柄手提包仍是古驰最有代表性的款式之一。

20世纪50年代是古驰最声名显赫的时代。以绿红绿、蓝红蓝两种颜色组合为主的标志，以及源于马鞍带镶金属制品的一系列设计，让古驰获得了极高的评价。

1953年，古奇欧·古驰逝世的消息让很多人陷入了悲伤之中，但让大家觉得庆幸的是，古奇欧·古驰的离去并没有让古驰停滞不前，相反地，古驰前进的步伐进一步加大。20世

纪 60 年代，古驰相继在伦敦、棕榈海滩、巴黎以及世界其他最繁华的都市都开设了新店，并且还在格蕾丝·凯利、彼得·塞勒斯和奥黛丽·赫本的帮助下进入了好莱坞的市场。这段时期，原为固定马鞍用的直条纹帆布饰带被古驰应用于配件装饰，并注册成古驰的商标；古驰为格蕾丝·凯利设计的植物花卉丝巾、为杰奎琳·肯尼迪设计的"Jackie O"背包至今仍广为人知；古奇欧·古驰最著名的"双 G"花纹也是这个时期设计出来的。

20 世纪 70-80 年代，由于市场上无法抑制的冒牌货让古驰的销售受到了极大的影响，从此古驰进入了艰难的时期。古驰新的命运转折点主要由于一位重要人物的出现，他就是汤姆·福特。汤姆·福特新官上任之后就开始将古驰重新进行定位，他一改古驰过去的华丽风格，让颓废和感性大行其道，并注入性感的基因，从此让古驰创造了一个无敌的神话，至今仍被誉为最性感的品牌。2004 年，当汤姆·福特离开古驰时，芙瑞达·基阿尼尼接过汤姆·福特的接力棒，并令古驰得到了新生，古驰皮具的销售激增了 31.6%，鞋的销售增长 26.5%……芙瑞达·基阿尼尼这位不平凡的女设计师又将带领古驰这一奢侈巨兽带入一个新的时代。

FENDI

芬迪

绚丽皮草编织出的奢华时尚

创始人◆爱德拉·卡萨格兰德 爱德华多·芬迪 创始时间◆1925 年 创始地◆意大利·罗马

80 多年来，芬迪家族以原创的意念、精致的刺绣、独具匠心的设计和卓越的工艺创造出完美的服饰艺术，将罗马人的原创精神和芬迪独有的贵气展露无遗。

数十年来，皮草一直是时尚界的致命诱惑，但与此同时，动物保护主义者与时尚界皮草商之间的战争，也旷日持久地进行着。以皮草闻名世界的意大利品牌芬迪，经过对未来发展的慎重思考，重新为自己的皮草服装定位。在服装上加入丝缎和闪亮的针织材质，仅将皮草运用在细节的装饰上，如下领片、翻领处、内袖口或披肩等处。芬迪以独特的设计告诉人们，穿行在上流场所的皮草贵妇已经不是潮流，皮草也应青春一点儿、轻松一点儿，丰富而甜蜜。在夹克领口和风衣下摆点缀起一圈毛毛，在那些大面积、大块头的皮毛里面穿起提花或闪光面料的性感裹裙，把自然色泽的皮草小披肩随时拿在手上，点到为止的皮草手段让所有热衷皮草的人更性感、更高贵。虽然皮草的用量大为减少，却丝毫没有减去芬迪源于皮草的奢华气势。

一种皮草，万种风情，冬天永远无法绕开皮草。谁叫松软柔媚的皮草永远撩动着女人们内心深处的琴弦呢？尽管保护动物的呼声不绝于耳，设计师们依然无法抑制地钟爱皮草这堪称最昂贵物料的设计，也许可以这么说：冬天来了，人们只是渴望一种温暖柔软的感觉，是否是皮草并不是根本。没有一件皮草是完全相同的，恰如每一个人对于皮草都有不同看法，而同一件皮草穿在不同人身上则无疑将被赋予不同的灵魂。很多时候，那些大牌明星钟爱皮草，并非全因其昂贵质素，就如时尚宠儿凯特·摩斯曾说："被皮草包裹有一种重回母胎的感觉。"

FENDI

皮草奢华的新气息

芬迪具有开创性的制皮方法，使皮革变得更绵软。同时大胆尝试新的用色、剪裁、印花、网纹、染色技术的运用使得皮革在一次次蜕变中获得新生。将现代与古典元素的完美交融，使其每一件作品都充满华丽、时尚与奢华。

在众多的意大利时装里，除了普拉达、范思哲、阿玛尼、古驰之外，有一个时装品牌绝不能忽视，它就是芬迪。芬迪从最初的家族式生意起步，至今已

经发展成为国际时装界最知名的品牌之一，特别是在皮革、皮草、服装领域，一直居于领导地位。

芬迪在高级皮草方面一直相当知名，它总是能够制作出优质奢华的皮草，满足其全球各地拥趸者的需要。它使芬迪品牌的皮草更加轻盈、柔软、耐磨，并不断创造出新的鞣皮和染色技术。随着每一个系列作品在时装展示会上大获成功，芬迪开始成为国际时装界的重头品牌。美国布卢明代尔百货公司率先在美国销售芬迪时装，芬迪专卖店和授权店也渐渐出现在全世界各大都市的高级商业街上。毫无疑问，芬迪品牌已经成为时尚和梦想的代名词，其大胆的创新和杰出的设计，在时装界不断创造着奇迹。

20世纪70年代以来，西方环保之风渐盛。面对保护动物组织和绿色环保人士的反对，向来以皮草为发展重心的芬迪开始修正自己的发展方向，尝试在有流行感的服装设计中加入大量丝缎和有宝石光泽的针织材质，以在减少皮草运用的同时，仍能保持品牌本身特有的奢华气息。作为公司主管的芬迪姐妹还有意改变过去视毛皮服装为高档奢侈品的传统观念，让芬迪品牌的毛皮服装更加生活化、平民化、时装化，走近更多的消费者。对高档毛皮的大胆革新处理，使人对芬迪品牌难以忘怀。

1965年，德国著名设计师卡尔·拉格菲尔德加盟芬迪，为这个品牌带来了对时装的极佳品位与专业设计技术。他为芬迪设计了反转的"双F"标志，是继法国夏奈尔的双C字母、意大利古驰的双G字母后，又一个时装界众人皆知的双字母标志，并最终使它成为一个全球知

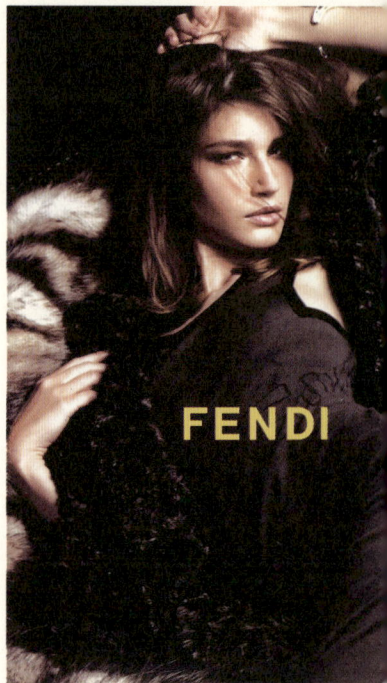

FENDI

名象征社会地位的符号。拉格菲尔德本人，更以富有戏剧性的服装设计获得
"时装教父"的称号。

FENDI

芬迪手袋——复古主义的回归

芬迪的手袋系列是复古主义的回归，舒适、浪漫、含蓄、梦幻……女性手袋在注重装饰的今天，已远远超出了它的使用价值，成为女性服饰配套的一个重要组成部分。

芬迪推出的皮草成衣系列，成功开创了高尚时装的风潮。继此之后，芬迪再起革命，为皮具产品注入新构想。自20世纪70年代开始，芬迪家族开发了另一项让他们从此屹立不倒的拳头产品——手袋。各款优质真皮手袋，破天荒地结合了印刻、编织、染色及鞣革等新技术，令人眼前一亮。从此，女士们的手袋不单是一件随身携带的实用物品，更是高级的时尚配饰。

要说芬迪创造出多少堪称经典的手袋系列，恐怕没有人能数得过来：1997

年的 Baguette 手袋，后来的 Os-trik 手袋、Diavolo 和 Biga 手袋，以及 Chef 手袋；还有人所共追的、形状细长的法国长面包形手袋，这款手袋掀起一股全球抢购热潮，成为芬迪的代表作。这款由爱德拉·芬迪的孙女设计的法国长面包形手袋，款式超过 400 种。稍后，更出现了牛角包系列，如果你可以算做一个 20% 的时装迷，就不可能对牛角包一无所知。

芬迪一直尊重历史传统，并将超凡工艺、奢华质料与昔日的美学观融合为一，创制精彩的时尚服装及配饰，全新的 Fendi Palazzo 手袋正是其中一项代表作，芬迪从罗马传统中汲取灵感，悉心创作了这款标志性手袋。回顾几百年来的意大利历史，水桶是罗马人日常生活的一部分，用以运送食物、杂货、井水以及矿场的石块，为意大利的庄严建筑提供稳固基石。象征创意与革新的时尚品牌芬迪，永远让人惊喜，它采用了深受欢迎而历久不衰的圆筒型作为素材，并重新演绎，效果令人惊叹。手袋备有两款尺码，并有不同款式，简约版本选用特柔软羔羊皮或麂皮缝制，衬以精致金线，突出圆筒形状。最华丽的款式则是小牛皮或羊皮配虎纹印花，袋身满布金色窝钉；金银丝砖块款式，别具新意。手柄长度既适合手挽，亦可挂肩，潇洒有形。每款 Fendi palazzo 手袋更备有两种不同手柄设计，这种设计灵感均源自典雅的

罗马建筑。全新 Fendi palazzo 手袋每款的型号附有芬迪独特印记，标志着卓越工艺与质量。

芬迪让女性为之疯狂的各式手包，款式独具创意，从精致的刺绣镶珠设计、充满民俗风格的布料到镶以仿钻和貂皮的高档材质都有，让人爱不释手。多变化的材质、可背可提可挎的多样性设计，满足了所有人的不同喜好，实现了与服装的完美搭配。

全球精于打扮而魅力四射的女士们，独具个人品位，流露一派优雅气质，她们不约而同对芬迪手袋情有独钟，足以证明芬迪手袋在高尚潮流中的至尊地位。莎拉·杰西卡·帕克、朱莉安·摩尔及莎朗·斯通都是芬迪手袋的拥护者，她们各有自己心爱的 Biga mesh 华丽手袋（全球仅限量30个）。潮流代言人珍妮芙·洛佩兹、哈莉·贝瑞及妮可·基德曼均穿着芬迪服饰，彰显非凡品位。

FENDI

"双 F"标记背后的巨人

无论今天的人们以怎样的观念来看待动物毛皮服饰，拉格菲尔德与芬迪公司的成功合作，打破了毛皮设计的常规，不仅震撼了皮草市场，更改写了时装历史。

芬迪的创始人是意大利人爱德拉·卡萨格兰德女士。她于 1918 年在罗马开设了一家专为城中显贵及好莱坞女星设计定做皮草大衣的"皮革皮草专卖店"，这家店就是现今闻名全球的精品王国——芬迪的前身。1925 年她嫁给爱德华多·芬迪，时装屋从此更名为芬迪时装。芬迪开业以来，渐渐笼络了一大批忠实的客户，其中不乏欧美显贵及演艺圈明星。

伴随芬迪业务不断发展，芬迪夫妇的五个女儿也先后长大，并开始参与家族生意。1954 年，爱德华多去世，芬迪的经营完全落在爱德拉和她的女儿们身上：保拉负责皮草部门，安娜负责皮配件，弗兰卡负责客户，卡拉负责业务协调，阿尔达主管销售部。在五位活力四射的年轻女性带领下，芬迪时装在国际时装界的地位开始稳步上升。

1965 年，来自德国的设计师卡尔·拉格菲尔德加

芬迪将超凡工艺，奢华质料
与昔日的美字融合为一，创新出
一系列精彩的手袋，它让女性为
之疯狂，爱不释手。

盟芬迪，为芬迪带来一股新鲜的艺术气息。在芬迪公司工作的十几年里，卡尔·拉格菲尔德创作出大量高雅、新颖、大胆、极端女性化的精美时装，最重要的是，拉格菲尔德在与芬迪合作中创造出以"双F"字母的标志。可以说，这个"双F"标记已经成为显贵华丽的代名词，风靡全球。因此有人

说，卡尔·拉格菲尔德不仅是芬迪的改革者，更是"双F"标志背后的巨人。

拉格菲尔德对毛皮进行革新处理，如将真正的动物毛皮处理成有着仿制毛皮的外观效果、在毛皮面料上打上大量细小的洞眼以减轻大衣的重量便于穿着、毛皮的多彩染色处理等。其创新设计还包括用水貂皮做边饰的牛仔面料大衣，选用如松鼠皮、雪貂皮等非常用毛皮进行大胆设计。卡尔·拉格菲尔德施展其大师级本领，凭借各种崭新技巧，包括镶嵌、光化及编织等，震撼了皮草市场，更改写了时装历史。超乎想象的杏色、淡黄绿色及萤光粉红色皮草大衣纷纷亮相，并成为人所共羡的高尚潮流新贵。卡尔·拉格菲尔德的作品极具个性，并始终凌驾于时尚之上。他年轻时设计的晚装裙曾大受好评，其轻薄的雪纺贴合人体曲线，以丝质花卉为装饰，极富女性气息。材质和设计的超前，使得芬迪在时尚界取得领先地位。

费尔格蒙
Salvatore Ferragamo
永远合脚的鞋

创始人 ◆ 萨瓦托·费尔格蒙　创始时间 ◆ 1925 年　创始地 ◆ 美国·洛杉矶

萨瓦托·费尔格蒙在他的时代圆了为王公贵族、绅士淑女制鞋的梦。费尔格蒙及其儿女成功建立的时装王国实践了"装饰男女，从脚到头"的座右铭。

Salvatore Ferragamo

世界上真的存在"永远合脚的鞋"吗？也许你会认为这简直是天方夜谭、痴人说梦。然而，有一个意大利人却能做出这样的鞋子，他就是被人称之为"明星的鞋匠"的萨瓦托·费尔格蒙。

这是一段关于鞋子的传奇。在 20 世纪福斯公司的电影《灰姑娘》中结局是这样的：灰姑娘穿着水晶鞋和她的王子走上了红地毯。萨瓦托·费尔格蒙的命运也像这么一则故事，一个执著的鞋匠成就了一件令世人瞩目的事业，他也有这样一双幸运的水晶鞋。电影中，那双灰姑娘的水晶鞋正是费尔格蒙制造的。有时，命运的转折就在三两步之间，而那双幸运的水晶鞋，常常伴随萨瓦托·费尔格蒙的左右。

如今的意大利是所有人心目中的鞋之天堂，但在百年以前，鞋匠却被视为最卑微的工匠之一。出身贫寒的萨瓦托·费尔格蒙仿佛是带着梦想降临人间的，11 岁便做了鞋匠学徒，13 岁时已经拥有了自己的鞋店和助手，并创制出第一双量身定制的女鞋。他以自身无比的热情，满足了全球男女对于鞋子的挑剔感。奥黛丽·赫本、索菲亚·罗兰、玛丽莲·梦露、麦当娜……这些在世界电影发展史上熠熠生辉的名字，都与费尔格蒙结下了一段又一段"仙履奇缘"，为时尚界留下了无数美好回忆。

Salvatore Ferragamo

经典中的经典

费尔格蒙的鞋子，无论质量还是工艺都堪称完美，格丽泰·嘉宝、奥黛丽·赫本、温莎公爵等名人也常到他那里定制鞋子，因为费尔格蒙的鞋子是经典中的经典。

一直以来，费尔格蒙好像拥有一股摄人的魔力，成了各界名人的必然之选。从上个世纪 20 年代至今，好莱坞影星奥黛丽·赫本、索菲亚·罗兰、玛丽莲·梦露……都是萨瓦托·费尔格蒙的支持者，他受到欢迎的程度让他得到"好莱坞红星的造鞋师"的美誉。历史上身价最高的

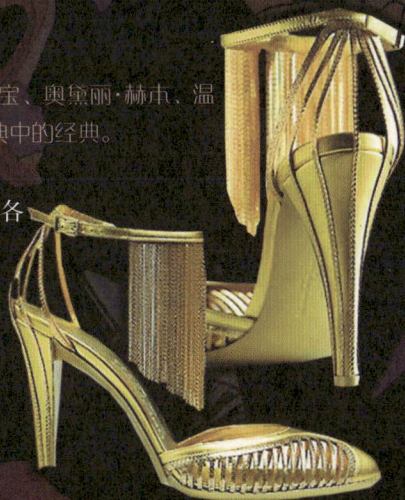

NBA球星迈克尔·乔丹，每次均大量购买费尔格蒙的平底便鞋；超级巨星麦当娜也疯狂地爱上了费尔格蒙典雅的设计；一代皇妃戴安娜、美国前总统克林顿均是费尔格蒙拥有者中的代表。

　　秉持传统、发挥创意以及质量上力臻完美正是萨瓦托·费尔格蒙坚守的原则，并遵循品牌一贯的坚持——即使在生产过程机械化的今天，皮鞋最终必须以手工完成。由此可见萨瓦托·费尔格蒙的质量，一种相对的永恒经典也随之诞生。萨瓦托·费尔格蒙坚信舒适与流行是不矛盾的，这也一直是这个品牌的设计核心概念，同时兼顾健康和时髦。在每一季的新品中，通常都分为经典与流行两个路线。它的特色在于厚厚的鞋底和明显的缝线，强调精细的手工及创意。萨瓦托·费尔格蒙所设计的鞋色彩和花样自不必提，在款式上还把鞋跟和鞋尖的造型变成了创意平台——S型的木质雕刻坡跟、藤麻编织的厚底、管筒高跟皮靴、冬日风味的船形鞋尖……所有的细节都是对想象力的考验，使人一见钟情。

　　意大利能被称为世界鞋业王国，不仅仅是因

为有着许许多多的鞋工厂，更因为有了"费尔格蒙"这样的世界顶级品牌。

一个世纪的仙履奇缘

萨瓦托·费尔格蒙的传记是一个值得传诵的故事，他的一生就像是最好的电影题材，男主角梦想有朝一日能出人头地，而最终亦能冲破所有障碍，梦想成真。

执著的个性决定了萨瓦托·费尔格蒙的辉煌。在意大利南部的博尼图，奇迹是从这里开始的。

萨瓦托出生于 1898 年，在 14 个子女中排行 11，在这个没什么前途的乡村小镇，唯一的出路就是移民。萨瓦托 9 岁时完成三年级课程，这是其父母和博尼图所能为他提供的最高教育。这时候，萨瓦托已经很清楚自己的梦想：成为一名鞋匠。但他的父母却不想让他当鞋匠，因为在当时意大利的每个角落，从繁华都会到穷乡僻壤，都可以看到鞋匠的踪影。鞋匠被视为最卑微的工作，意味着永远不能出人头地。可萨瓦托却依然意志坚定，很快被镇里的鞋匠雇用。

这一年，他做出了生平第一双皮鞋。由于姐姐没有白色皮鞋参加第一个圣餐仪式而忧心，萨瓦托向同村的玩伴借了造鞋的工具及材料，经过整晚的努力，一双近乎完美的小皮鞋诞生了。两年后，萨瓦托成为当地的熟练鞋匠，13 岁时，他已在博尼图拥有一家小店，并有两名助手，为女士定制皮鞋。

美国是萨瓦托的幸运之地。1914 年，萨瓦托随着兄弟姐妹来到了这个世界的

充满活力的精神，跳脱古典主义的表现，不需要任何多余的装饰，仅凭一双费尔格蒙，就可令走下汽车的你展现出十足的女人味。

淘金之地，他开办了自己的鞋店，并开始设计和创作电影拍摄用的鞋履——牛仔靴、罗马式或埃及式凉鞋、明星们需要的优雅鞋款等。渐渐地，明星们在台下也开始穿着他的产品。

为了寻找"永远合脚的鞋"的秘诀，萨瓦托走进洛杉矶大学进修人体解剖学，发现人体站立时重心集中在足弓处，这部分应得到正确的承托。他还旁听化学工程和数学课程，这使他在护理皮肤及使用不同材料方面有了新知识。

1923 年，电影业移师好莱坞，萨瓦托也随之而去。他与当时享有盛名的电影公司合作，令其知名度大增。玛莉·碧馥、鲁道夫·华伦天奴等都是他的首批顾客。其他名人顾客包括格丽泰·嘉宝、索菲亚·罗兰、奥黛丽·赫本、温莎公爵夫妇等等，他们的足部鞋楦还保存在费尔格蒙总部，以保证随时随地定制皮鞋。萨瓦托的业务非常成功，订单源源而来。他需要出色的鞋匠，于是回到意大利，在汇聚了大量优秀工匠的佛罗伦萨开了首家费尔格蒙店铺。1927 年，萨瓦托·费尔格蒙已成为"意大利制造的代名词"。但随着经济大衰退与第二次世界大战的爆发，用来承托足弓的钢片及皮革均被军队征用。这反而启发了他

的创意，举凡金属线、木料、近似玻璃的合成树脂及酒椰叶纤维等均为他所用，解决了不少物料短缺的问题。

虽然第二次世界大战使费尔格蒙的发展受到影响，但萨瓦托很快重整旗鼓。经历了战争的死亡和破坏，以及对生命、轻松和奢华生活的渴求，萨瓦托创造出不少经典之作：因玛丽莲·梦露而声名大噪的镶金属幼细高跟鞋、18K金凉鞋、F型鞋跟、以尼龙线穿成的隐形凉鞋等。1947年，隐形凉鞋的设计为萨瓦托赢得有时装界"奥斯卡"之称的NeimanMarcus Award大奖，萨瓦托是首位获此殊荣的鞋匠。费尔格蒙在1957年出版了自传《梦想的鞋匠》，在那时他已创作了2万多种设计，并拥有了350个注册专利权。

萨瓦托·费尔格蒙在他的时代圆了为王公贵族、绅士淑女制鞋的梦。现在，他们坚信，保持对质量重视的传统，从过去到现在乃至将来，用意大利的传统工艺加上现代科技使创业工艺更上一个台阶。今天，萨瓦托.费尔格蒙的妻子与六个儿女成功建立了费尔格蒙的时装王国，并实践了萨瓦托·费尔格蒙的座右铭："装饰男女，从脚到头。"

Salvatore Ferragamo

简约的设计中透露着雍容华贵，凸显出费尔格蒙的优秀品质。鞋，永远是人类最好的朋友，费尔格蒙的精神传承因此而延绵不绝。

Nina

NINA RICCI

莲娜·丽姿

创始人 ◆ 莲娜·丽姿　创始时间 ◆ 1932 年　创始地 ◆ 法国·巴黎

完全的女性味道

莲娜·丽姿服饰的新古典和巴洛克主义的风格与魅力，似乎浓缩了莲娜·丽姿品牌的全部内涵：优雅、隽永。

如果说詹弗兰科·费雷是时装的"建筑大师"，那么莲娜·丽姿就完全可以称为时装界的"雕刻大师"。莲娜·丽姿来自意大利，崛起于20世纪30年代的巴黎时装舞台，在50岁时才成立了莲娜·丽姿公司，不过因为裁缝功力深厚，研创出了"立体剪裁"，也就是直接把布缠在模特儿身上直接剪裁，因而被誉为划时代的"时装雕刻大师"。

如今，莲娜·丽姿是法国最高档次的奢华品牌之一，以时装、香水和化妆品闻名。莲娜·丽姿的服装引人注目而不矫揉造作，赢得了许多客户的青睐。莲娜·丽姿擅长发扬每位客人身材的优点，她首创的立体裁剪使她的服装艺术领尽风骚。莲娜·丽姿的设计宗旨是"论设计，应因人而易、因时而易、因地而易"、"套装则以简约为妙，应注重制作精致，使近观不失其华贵，远观又不失其年轻"。所有这一切，塑造了莲娜·丽姿精湛的技艺和卓越的品质，并博得了人们的钟爱，同时成为身份和地位的象征。莲娜·丽姿与儿子的共同努力，使莲娜·丽姿品牌在上个世纪30年代迅速成长，经历了七十多年的风雨，莲娜·丽姿品牌依然是时装领域中最响亮的名字之一。

Nina
NINA RICCI

莲娜·丽姿——精致的代名词

莲娜·丽姿是精致的代名词：典雅高贵、用料考究、手工精巧和线条柔美，强调女性的美和体现淑女的风格，一直以高贵经典的风格称雄于法国时装界。

莲娜·丽姿以利落明快的精巧线条，配合精致细腻的手工，流露出高雅独特的设计品味，典雅的概念，运用新古典和巴洛克主义的风格与魅力，成功地塑造出女性妩媚绰约的娇媚形象。现今莲

NINA RICCI

NINA

娜·丽姿已是巴黎五大"Haute Couture 高级定做服"的品牌之一。

以女性特有的直觉敏感，莲娜·丽姿的设计总是充满女性味。20世纪30年代品牌创始时，莲娜·丽姿的风格就显示出与埃尔莎·斯基亚帕雷利和香奈尔等以时装革新为主的品牌不同的风格。莲娜·丽姿的信念就是在创造中寻找华丽的感觉和优雅的曲线，她以相当特殊而雅致的细部表现，使服装获得了最大限度的轻便，当穿着者在行走或跳舞时，衣服不会妨碍人的行动。细部处理也相当女性化，如褶皱、缝裥、悬垂、露肩和贴身等设计。直至今天，莲娜·丽姿仍拥有高级女装的称号。

今天，莲娜·丽姿巧妙地融传统风格与现代时尚为一体，使她的服装具有引人注目而不矫揉造作的特点，展现出典雅高贵、用料考究、手工精巧、线条柔美的风格。如今的莲娜·丽姿服装已开始从"宫殿贵族"化走向大众。糅合了东西方古典色彩的女装，既有艳丽的风格，又不乏浪漫怀旧的情调。除此之外，由莲娜·丽姿女装拓展出的男装，同样以高贵著称。无论是西服套装，还是T恤、衬衣，都选用精细上乘的面料，别具匠心的古典风味，不遗余力地体现在其精湛的剪裁及个性化的饰品上。

莲娜·丽姿在面料运用方面更别具匠心，如将苏格兰格子布斜裁用于晚礼服，黑色丝绸印花布有花纹的部分展示于胸部之上，胸部之下是直筒形的丝绸面料等。这些设计都非常体贴而富有创造性。

NINA RICCI

如今莲娜·丽姿已经成为精致的代名词：典雅高贵、用料考究、手工精巧和线条柔美，强调女性的美和体现淑女的风格，一直以高贵经典的风格称雄于法国时装界。

Nina
NINA RICCI

时装的雕刻大师

莲娜·丽姿是巴黎最杰出的服装设计师之一，因独创了将布缠在模特身上直接剪裁的立体裁剪方法而被人誉为"时装的雕刻大师"。由她创办的时装屋是当时巴黎五大高级定做时装屋之一，如今仍是巴黎最优雅的去处之一。

玛丽亚·尼娜出生在 1883 年意大利的都灵。7 岁时全家搬到蒙特卡洛，由于父亲早逝，玛丽亚只好到当地设计师处做学徒，而这奠定了她日后成为设计师的基石。14 岁时她和母亲与姐姐一起去巴黎投靠她的大姐，之后她进入一家服装公司担任裁缝师。当时裁缝师的工作是很辛苦的，除了熨衣服和缝扣孔外，还要做打杂工作，而且领日薪，工作很不稳定。不过她白天努力工作，晚上上夜校，18 岁时就被升为裁缝师领班。

当玛丽亚·尼娜 16 岁时，她在前往公司的公车上认识了意大利佛罗伦萨一个珠宝商的儿子路奇·瑞西，两人一见钟情，他不顾家中反对，抛开一切到巴黎和她结婚，所以玛丽亚也改名叫做莲娜·丽姿。然而，他们的婚姻生活并不幸福，路奇在巴黎生活得一团糟，家计全都落在莲娜·丽姿身上。她离开了原来的服装公司，此时她有了自己的客户群和裁缝师组。1905 年，莲娜·丽姿 23 岁，有了儿子罗伯特。日后，罗伯特在莲娜·丽姿公司的发展上扮演着非常重要的角色。1907 年，她到当时的大服饰公司 House of Raffin 工作，而

RICCI
UNE PARISIENNE

且一待就是二十多年。1909年，莲娜·丽姿不过27岁，她的丈夫就因病过世了。

在House of Raffin工作时，莲娜·丽姿拥有了自己的工厂、裁缝师和客户，算是完全独立的部门，不过年终还要付给公司红利。在这段时间里，她增强了专业能力和灵敏的洞察力，设计的服饰符合中产阶级的需要，也为裁缝师采用，于是她开始成名。

1929年，由于公司老板去世，接手人想结束公司，于是莲娜·丽姿趁此机会正式退休，开始享受生活。到此时，服装设计师莲娜·丽姿已经诞生，但莲娜·丽姿公司仍未成立，一切改变要从她的儿子罗伯特·瑞西开始说起。

1932年，罗伯特·瑞西27岁，从小跟在母亲身旁的他，已经完全学习到了母亲的设计风格，他身上带着高贵的气质，外表看起来比实际年龄年轻，不过这些都比不上他的经营事业的能力。这一年7月，他私自成立了莲娜·丽姿公司，不过当时罗伯特还有广告事业，并无意介入不熟悉的服饰业。之后，首先当然是劝说其母亲重出江湖。莲娜·丽姿女士当时已经年过半百了，经由罗伯特的一番口舌，莲娜·丽姿终于答应了，但条件是由罗伯特来担任行政工作。从那时起，莲娜·丽姿不再以出卖设计纸样的方式进行经营，而是在以自己的名字命名

NINA RICCI

的时装公司里工作，莲娜·丽姿的传奇就此开始。

莲娜·丽姿公司最先的挑战是在那年7月底推出的冬季服装秀，莲娜·丽姿找回了以前的裁缝师和业务员，共同不眠不休地设计了50套服饰。因为时间太紧，没有彩排就直接上场了，而且开幕前还忘了通知报社。幸运的是服装秀非常成功，莲娜·丽姿公司也一举成名。

莲娜·丽姿公司开业后，莲娜·丽姿每天都要工作十多个小时，而且极有效率。从1932年到1938年，公司逐渐扩充，虽然规模还不算大，但在罗伯特·瑞西有效的管理下，却是巴黎销售服饰最多的公司，而且公司内部也非常稳定，如同家人，员工一待就是30年。当时莲娜·丽姿服饰定位于高品质但中等价位服饰，由于材料富含变化，线条优雅，风格古典，设计简单利落，加上自成一格的剪裁，价格又比其他名牌便宜三分之一，当然受到广大顾客的喜爱。

莲娜·丽姿公司除了服饰业外，香水业也占了很重要的地位，服饰和香水的营业额各占莲娜·丽姿公司的一半，这一切都要归功于罗伯特。如今，莲娜·丽姿公司的主要产品除了时装、香水外，还包括皮件、配饰、太阳眼镜、手表、珠宝首饰、童装等等。1988年，莲娜·丽姿去世，此时的莲娜·丽姿公司已经是产品行销超过130个国家、营业额超过500万法郎的一个服饰精品王国。

BALENCIAGA

巴黎世家

CRISTOBA BALENCIAG

巴黎时装的西班牙精神

创始人◆克里斯托瓦尔·巴伦夏卡　创始时间◇1937 年　创始地◆法国·巴黎

　　"巴黎世家",人们习惯把它与迪奥相提
并论,无法分出谁更伟大,就像你分不出毕
加索与马蒂斯谁更伟大一样。"巴黎世家"
创造了无与伦比的高傲与优雅。

充满浪漫情怀的法国，一直与艺术及时装等追求唯美的产物挂钩，尤其法国时装，总是带领世界时装的巨轮。在众多的法国高级时装品牌中，最耀眼的品牌当数"巴黎世家"。七十年以来，"巴黎世家"一直以时尚、典雅和细密剪裁及缝制的高级服装闻名于时装界，被誉为革命性的潮流指导。很多名流贵族都指定穿着它的时装，这些忠实客户包括西班牙王后、比利时王后、温莎公爵夫人、摩洛哥王后等，她们都是当年曾被世界各大时装杂志评选为最佳衣着的名人。

"巴黎世家"服装的微妙变化使服装像音乐一样和谐，而这种效果是在简单款式中漫不经心地表达出来的。设计师巴伦夏卡对传统服装的情结及他的西班牙背景，使他的服装更多地体现了西班牙民族文化和风俗。"巴黎世家"能够带给一个人自信，款式典雅而时尚，突显法式高雅气息。加上一丝不苟的细节、舒适的面料及"巴黎世家"一向擅长的做工和剪裁技巧，使得一切都更具吸引力。

BALENCIAGA

巴伦夏卡的西班牙精神

巴伦夏卡是一个完美主义者，毕生追求时装艺术的尽善尽美，从不妥协于他所不屑的流行。

尽管巴伦夏卡在法国生活多年，并受到法国艺术的不断熏陶，但他从来没有忘记自己是一个地地道道的西班牙人。正如他自称为"一个强国的真诚儿子"那样，从他的设计中，我们总能够找到戈雅、苏巴朗等人的身影，使得他设计的服装始终渗透着浓郁的"西班牙味"。再有他对黑色和棕黄色的偏爱，就是从毕加索那儿直接吸收过来的。而且，他和他的同胞画家一样，在自己的设计创造中，常常流露出斗牛场的色彩和"弗莱明哥"的节奏。

巴伦夏卡是一个完美主义者，他通过设计时装执著地追求着美，追求美的形象。任何一件衣服在没有取得他自己满意之前是绝对不能离开商店的，无论那些成衣商人怎样抱怨，

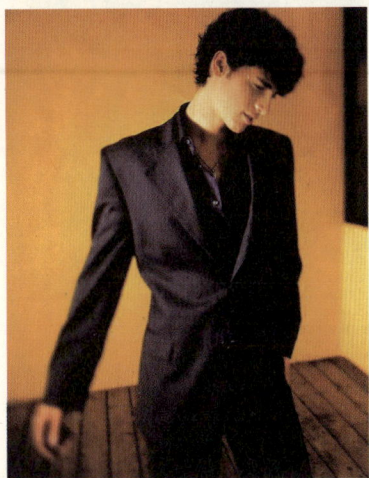

BALENCIAGA

　　他总是力求自己设计的时装达到完美的标准，而从来不去想所花费的时间和代价。正如美学家莱辛说的那样："凡是为造型艺术所能追求的其他东西，如果和美不相容，就必须让路给美；如果和美相容，也至少必须服从美。"

　　正是在巴伦夏卡这种精神的影响下，"巴黎世家"时装被赋予高贵的灵魂，使得它永远都不落俗套，并产生特有的艺术魅力。"巴黎世家"服装一向是精于裁剪和缝制的，而巴伦夏卡在这方面表现出了非凡的创造力，令那些同时代的设计师都望尘莫及。他能精确地运用斜线或旋转曲线，以此起彼伏的流动线条强调人体的特定性感部位。结构上总是保持在服装宽度与合体之间，穿着舒适，身体也显得更漂亮。即使是非理想身材的人，一旦穿上"巴黎世家"服装，顿时显得光彩照人。加上他对面料性能的独特见解，使他在设计到样衣的全过程中做到十全十美。

他那敏锐的艺术直觉和审美趣味被认为是那个时代的绝对权威。他的才华虽为同行们所敬佩，但沉默寡言的巴伦夏卡，却是个很难和人相处的人，唯纪梵希除外。但人们并不计较他的性格，他为这个世界的人创造了最精彩的服装。

巴伦夏卡把西班牙与法国的艺术趣味熔于一炉，他的设计已达到炉火纯青的地步。巴伦夏卡虽不喜欢随波逐流，但他的风格恰好与当时的风尚相吻合，乃至常常被误为迪奥风格中的继承者。其实巴伦夏卡不但年长于迪奥，而且成名也早于迪奥。但有一点，巴伦夏卡的女装设计，没有像迪奥那样明确的造型线的变化，在外轮廓的变化上缺少像迪奥那样的鲜明变化特征。因此他的那些精彩的曲线造型，往往被纳入迪奥的时代风格之中。不过，世界时装界公认，巴伦夏卡是 20 世纪最重要的时装大师之一，是沃斯开创的高级时装业中无可比拟的天才。

BALENCIAGA

时装界的毕加索

巴伦夏卡是 20 世纪唯一一个对纺织、印染、设计、打样、量身、剪裁和缝制完全通晓的设计师！同行们对他是羡慕而不是嫉妒。因为相差不远的人才会嫉妒，而相差远的人往往是羡慕！

如果说查尔斯·弗莱德里克·沃斯曾一度颠覆和震撼了巴黎时装界，那么巴伦夏卡就把巴黎高级时装发展到一个令人叹为观止的境地。他没有像迪奥的"新造型"那样惊天动地，他凭借自己坚韧不拔的精神，使他的高级时装成为巴黎永久的名牌。他像画家乔尔乔内、提香、鲁本斯那样，风格典雅、富丽、细腻，他是巴黎高级时装的一代宗师。

被誉为代表 20 世纪的伟大天才设计师克里斯托

瓦尔·巴伦夏卡生于 1895 年西班牙的一个渔村。当他还是个孩子的时候，对时装设计就表现出浓厚兴趣。曾经有一户人家新迁到村里居住，巴伦夏卡在和这家的小孩玩耍时，发现小孩的老祖母衣着雍容华贵，巴伦夏卡征得老妇人的同意后，仿制了一套德莱塞尔套装，这成为巴伦夏卡的处女作。巴伦夏卡 13 岁时，遇到了一个人，为他走向时装界奠定了基础。当时巴伦夏卡偶然遇到西班牙的侯爵夫人嘉莎托尔。由于巴伦夏卡对服装有着自己独到的看法，便对侯爵夫人的高贵打扮作出了自己的评价，侯爵夫人没有想到一个 13 岁的小男孩竟然对自己提出了极具见地的批评，这令她对巴伦夏卡刮目相看。侯爵夫人不仅赏识巴伦夏卡的设计才华，还资助他开设了自己的裁缝店，店名即"艾萨"。从那时起，巴伦夏卡相继在西班牙的各大城市开办了分店。而且还经常到巴黎大型服装店来买服装式样，自己再加以设计，在西班牙的时装界初露锋芒。后来因 1937 年西班牙内战，他迁居巴黎，并开设了时装店。从此，巴伦夏卡对时装的热情之火被点燃，他雄心勃勃地迈向时装世界。

1937 年，巴伦夏卡移居巴黎，并开设了他的首家时装设计店，在强手如林的法国时装界争雄。虽然，最初的反映不一，但巴黎人对这位来自西班牙的天才不得不刮目相看，人们发现他的女装设计，具有一种强烈的贵族气派和戏剧性，具有他的同胞画家戈雅和委拉斯开兹作品的华丽与震撼。巴伦夏卡很快就出名了，他在巴黎的第一个服装展示会便获得了巨大的成功，而他于 1939 年设计的束腰女装，事实上已经预示了战后"新形象"的到来。他的设计正如

《时尚》杂志所言："每次都有精彩的创意，并且保持一定的水准，令人耳目一新，对未来时装的潮流走向意识敏锐。"他是一个优雅而温和的设计师，穿着的舒适性总是被他放在重要的位置，就连一向尖酸的香奈尔也不得不承认："只有他才会裁料子，配搭成时装，用手工缝制。其他人不过是时装设计匠罢了。"

巴伦夏卡从不满足于已有的成就，而是加倍着迷于探索新设计，甚至不顾市场动向和舆论要求，沉醉于完美境界的求索中。他不喜欢喧嚣，不喜欢摄影，不愿意展示自己的沙龙，也无心在生意上耗费精力，唯有不断地完善其创作才是他最大的乐趣。他的信条是：追求"建筑一样的质量"。这使他在巴黎获得了"毕加索式的时装师"美誉。

巴伦夏卡设计的女装在上个世纪 50 年代的欧洲犹如一座丰碑，他的设计思想和方法影响了整整一代人，包括纪梵希、安伽罗在内的时装设计师都曾出自他的门下。进入 20 世纪 60 年代以后，由于生活方式和意识形态的急剧变化，以少数贵妇为服务对象的高级时装业趋于式微，一批年轻的时装设计师开始活跃起来，并获得年轻人的欢迎。那是 1968 年，玛丽·奎恩特的迷你裙正风行天下。面对服饰新潮的冲击，巴伦夏卡选择了放弃，他宁愿关闭那间曾经在时尚界呼风唤雨的设计室，也不愿为时髦的浅薄青年服务。但"过时"的达官显贵们并没有忘记他，他们仍不惜重金地向他定制华丽的时装，所以这位退休的老人事实上是"退而未休"。1972 年，巴伦夏卡在为一位王子做完平生的最后一件礼服之后，再没从床上起来，终年 77 岁。

Dior
迪奥

创始人 ◆ 克里斯汀·迪奥　创始时间 ◆ 1946 年　创始地 ◆ 法国·巴黎

法国时装文化的最高精神

选择迪奥，你将选择年轻与美丽；走进迪奥，你也将走进一种与众不同的生活。

Dior

迪奥女装一直是华丽优雅的典范，迪奥年代的温莎公爵夫人、美籍德国女演员黛德丽、玛格丽特公主、丽塔·海华斯、玛戈特·丰特尼，以及格蕾丝·凯莉都喜欢穿他设计的衣裙；如今蒂娜·特纳、安杰利卡·休斯顿、金·贝辛格、索菲亚·罗兰、伊丽莎白·泰勒以及希拉克夫人等都是迪奥品牌的顾客。

迪奥女装继承着法国高级女装的传统，始终保持高级华丽的设计路线，做工精细，迎合上流社会成熟女性的审美品位，象征着法国时装文化的最高精神。著名时装大师香奈尔就曾说："克里斯汀·迪奥不是让女人穿衣服，而是装饰女人。"的确，克里斯汀·迪奥用他的热忱和才华播下了一颗种子，孕育出一片美丽的花园，他"找回了令人愉悦，但已被人忽略的艺术"。

Dior

时尚的真谛是时代感

在1947—1957年的十年中，迪奥时装的每个系列都成为时装潮流的最高权威。迪奥则认为："没有人能改变时尚，一个大的时装变革之力来自它自身。因为妇女要更女性化，而新造型之所以被接受正是因为一个全球性的审美和宇宙观的变化。"

第二次世界大战后，许多妇女的穿着十分单调：军装化的平肩裙装，笨拙而呆板，带着严峻的战争痕迹。迪奥将这种单调的女装形式

Christian Dior

变为曲线优美的自然肩形，强调了丰满的胸、纤细的腰肢、圆凸的臀部。这种以细腰大裙为重点的新造型，突出和强调了女性的柔美，让妇女重新焕发女性魅力——这也是迪奥多年的梦想，也是人们对和平、对美的梦想。迪奥的"新造型"像旋风般地震撼了整个欧洲及美国，成为20世纪最轰动的时装改革。"新造型"并不是通常意义的"新样式"或"新款式"，它几乎成为当时时代的象征。

由于迪奥的"新造型"，克里斯汀·迪奥获得了美国得克萨斯州的尼曼·马科斯奖，并专程赴美参加授奖仪式。同年秋天，他应邀访英，在伦敦受到英王室的热情赞扬。法国政府也授予他最高荣誉"荣誉军团奖"，以表彰他为战后法国高级时装业的复兴所作的贡献。当时著名的时尚杂志如此评论道，"迪奥'新造型'正是新世界文明的代表，就像联合国一样令人欣喜"、"妇女们显得更加年轻，更富有魅力了，她们不再被单调乏味的服装剥夺了女性的美"、"巴黎更为女性化了"。

与此同时，诋毁者则以面料短缺为理由，称"新造型"的裙宽而又长是一种奢侈，"足能浪费80万套服装"。某女政客痛斥"新造型"是对妇女解放运动的反

动，甚至保守的英国政府也同意"英国设计家协会"联合抵制巴黎风格的具体行动。迪奥在访问美国时就遇到了反"新造型"的示威，他总是不断遭到连珠炮式的发问："迪奥先生，裙子的最佳长度是多少？""你的下一个系列是不是更新的？"

　　不管是褒是贬，迪奥的"新造型"扫除了战争给人们带来的压抑、灰暗情调，将快乐和美重新带给了世界。克里斯汀·迪奥可称是20世纪最重要的时装设计大师。自从他将迪奥的"新造型"公诸于世，就给世界带来了深刻的影响。他成为战后时装界的精神领袖。从那以后，迪奥每一次时装发布都会成为流行趋势，哪怕只是些微妙的变化，也会引起西方社会的骚动。法国的《巴黎观察》驻伦敦记者曾作过一段戏剧性的精彩描绘：

　　"伦敦800万居民进入梦乡，万籁俱寂。在弗利特大街上一家权威报纸的办公室里，夜间新闻编辑们睡意蒙胧。这时，一位新闻邮差跳下摩托，冲进《每日邮报》这座现代化大楼，将电稿交给值班总编。总编刚一读完目录，便高举手中纸片大叫：'放头版！'这条来自巴黎的新闻是：迪奥在今天的冬装系列中，裙子下摆不再低于膝盖线。弗利特大街的编辑立即抓起电话，接通巴黎，要求提供更详细的内容，字数不限。翌日清晨，英国公民都读到了这条特大新闻。这是1953年7月27日之夜。"

　　克里斯汀·迪奥以其独特的眼光和天才领导着潮流，他似乎知道什么样的时装将会在什么时候开始流行。继"新造型"之后，他每年都创作出新的系列，每个系列都具有新的意味，其中大多数又都是优美弧曲线的发展。

Dior

"美"的代表、流行的起点

Dior，在法语中意味"上帝"与"金子"的组合，淋漓尽致地表达了现代女性的追求——性感自信，激情活力，时尚魅惑！

　　进入 21 世纪，时尚以其最敏锐的嗅觉宣告了"女性时代"的来临；走在纽约、巴黎和上海的街头，你能真切地感受到这些时尚之都的脉搏紧跟着女性的步伐跳动。在这张扬个性的时代，每一个女人都有一张属于自己的表情，但在她们的心底却都梦想成为这样的"迪奥女郎"：她是性感的，女性魅力自然流露，令人无法抗拒；她是自信的，了解自己的需要，不在乎别人的眼光；她充满激情与活力，用时尚魅惑的表情传递出现代女性的内在激情。

　　从克里斯汀·迪奥创办迪奥以来，过去 100 年发生的服装变化都浓缩在迪奥服装上。迪奥永远让人心驰神往，它的秘诀在于对女性的深刻了解！这种了解是把女性放在整个时代背景中，具有前瞻性地诠释女性心中的梦想，并用时尚的触觉、大胆的设计和优质的产品帮助她们去实现这些梦想。生命是一段发现的旅程，而新的体验则是点亮这段发现旅程的灵感。迪奥，会让你在惊艳的邂逅里，体会浪漫的法兰西风情！

迪奥的设计，注重的是服装的女性造型线条而并非色彩。他的时装具有鲜明的风格：裙长不再拖地，强调女性隆胸丰臀、腰肢纤细、肩形柔美的曲线，打破了战后女装保守古板的格局。这种风格轰动了巴黎乃至整个西方世界，给人留下深刻的印象。

在克里斯汀·迪奥的设计中，将女性独特的魅力表现得淋漓尽致。人们开始相信一个高雅女人一天该换四套不同的衣裳，而时装几乎是人们的第二肌肤。克里斯汀·迪奥设计的衣裳永远是时装，永远存在着价值。他所设计的晚装豪华、奢侈，在传说和创意、古典和现代、硬朗和柔情中寻求统一。在克里斯汀·迪奥每一次的时装展中，晚礼服系列总是让人们屏息凝神，惊诧不已。

Dior

温柔的独裁者——迪奥

克里斯汀·迪奥这个名字在法国所象征的意义，并不只是一个高级的服装品牌，而是像医生、科学家或艺术家般的人生指标。

1905 年 1 月 21 日，克里斯汀·迪奥生于法国的格兰维尔一个富有的中产阶级家庭，他的父亲继承了一份并不诱人但足以发达的财产，他们是格兰维尔很受尊敬的家庭。父亲是一个结实的诺曼底人，魁梧的身材加上一个挺大的肚子，这是迪奥家庭饕餮的特征。迪奥的母亲玛德琳，温和、文静，迪奥爱她胜过爱任何人。可以说，迪奥的成功之作"新造型"正是早年母亲的装束给他留下的印象。

迪奥 5 岁那年，全家迁居巴黎，在巴黎漂亮的第十六区得到一套公寓，那房子的装饰完全是路易时代的华丽风格。学生时代的迪奥，并不是十分顺服的孩子，叛逆心理常常驱使他逃离那种后来又十分怀念的舒适的中产阶级生活。他酷爱艺术，曾要求父母同意他学习美术，但遭到拒绝，双亲不希望

儿子成为放荡不羁的艺术家。迪奥很不情愿地去读社会科学，目标是当外交官，这与他的志向相去甚远。20岁是个不安分的年龄，迪奥20岁那年，正值巴黎举办了一个著名的装饰艺术展览，这个展览中的作品在审美观念上有了很大的突破；当时包豪斯的设计思潮正像巨浪般地影响到建筑、室内装潢等工业设计领域；音乐、文学、美术领域的新浪潮也叩击着年轻迪奥的心扉。他欣喜若狂，"在新巴黎四处探求，生活于发现之中"。

迪奥说服了双亲，转学音乐，很快他就成为巴黎青年艺术家圈子里的一员。他们在酒吧里聚会，高谈阔论。即使迪奥在服兵役期间，他也没有中断和巴黎朋友的联系。迪奥的艺术爱好与家庭终于产生了日益尖锐的矛盾，迪奥冲着父亲大喊："一个肮脏的中产阶级。"他一跺脚走出了家门，而迫使家里允许他搞艺术画廊的计划。

1928年，迪奥和他的朋友在博蒂大街一条破烂的小巷中开设了一个小画廊，他们得到了一些知名或以后出名的画家的支持，他们之中有毕加索、勃拉克、马蒂斯、贝拉尔和达里，这期间是迪奥回忆里最"美好的时光"，他说："当我们的青春奔向自由，每件事或任何事看来似乎都会成功的。"

26岁的迪奥只身在巴黎，没有家，没有工作，穷困潦倒，过着入不敷出的生活。不久又身染重病，在朋友的帮助下，到西班牙养病。病愈后返回巴黎，他和一位乐天派的时装设计家让奥泽恩生活在一起，他鼓励迪奥画时装画。不久，迪奥的画被一家报纸采用了6幅，每幅20法郎，这是迪奥第一次以自己的创造力挣的钱。从此，他的强烈创作欲促使他学习时装设计，他为一些杂志刊物画时装设计图，一些女帽、头饰商提供设计图样。1935年，在他满30岁时，仍没有发现自我，仍是在生活中跟跄地寻找着。

1937年，经过两年的努力，迪奥在服装设计方面有了很大提高，当时著名设计家罗伯特·皮戈纳请迪奥为他设计一批女装。次年，又聘请迪奥为他的

设计师。但是，命运又捉弄了这位大师，战争爆发了。迪奥为了躲避战争，来到法国南部和父亲住在一起。

等迪奥重新回到巴黎，皮戈纳等不及他的到来，已另聘他人。命运又将迪奥幸运地推到了勒隆身边。这是一位时装界资格最老的权威人士，迪奥在他那里学到了很多东西，他成为迪奥走向成功之路的重要人物。在勒隆公司，和迪奥一起的还有皮埃尔·巴尔曼。

在勒隆那儿度过了平稳幸福的四年之后，迪奥认识了法国纺织、金融巨头马赛·博萨克，他要迪奥去改建一家小型女装设计室，迪奥表示："我真正想做的并不是去复兴小小的加斯东，而是要创造一个新的、以我本人名义命名的时装设计室。在我选择的地区里，我需要一个工作室，里面一切都是新的，从环境、装修到家具，甚至地址……"迪奥的热忱和真诚感动了博萨克，他相信迪奥的能力，就帮助迪奥买下了蒙田路 30 号。从此迪奥离开了勒隆公司，开始了他的全新事业——克里斯汀·迪奥设计室。

先天性的内向和忧郁性格以及为自己的事业奋斗的压力迫使迪奥的神经长期处于紧张之中。但他又不能抑制自己的创作冲动，他夜以继日地工作，无处不画上设计草图，桌布上、饭店账单上、床罩上，甚至浴盆里，连晚上梦里想到的都是服装造型。常常为了一个构思，不厌其烦地挑选面料和制作面料。紧张、繁忙之下，他的健康状况每况愈下。幸运之神虽过晚地惠顾到他，但命运之神却又过早地使他离开了时装界。1957 年 10 月，迪奥因健康原因到意大利休养。一个阴郁的夜晚，他因心脏病突发，与世长逝，留下了未完成的系列。终年 52 岁。

当他的遗体由专机运回巴黎时，人们为这突如其来的噩耗震惊。迪奥公司整幢大楼披上了黑纱，整个巴黎、整个世界时装界都在为他哀悼。葬礼隆重而盛大，设计界同仁、著名艺术家、名流贵妇、面料和饰物生产商和许许多多陌生人都赶来向这位大师致以最后的敬意。这位时装界的泰斗殒落了，正当他声望鼎盛之际离开了人间，这不能不留给人们，尤其是法兰西人无限的惆怅。

GIVENCHY

纪梵希

创始人 ◆ 休伯特·德·纪梵希　创始时间 ◆ 1952 年　创始地 ◆ 法国·巴黎

华贵优雅的时尚宠儿

纪梵希从来都是时装界一个最璀璨的品牌，神秘而美丽，从
五十多年前到现在，它的改变，只不过是从曾经辉煌一时的时装
产品演变成为今日顶级时尚的象征意义。

纪梵希的恩师巴伦夏卡曾说："每个人都可以学基本的东西，但唯有品位是学不来的。"一如纪梵希声称，优雅是他永远难忘的最爱。选择身旁值得撷拾的美丽事物，蜕化为款款动人的衣装，捕捉女性美的自由身影，便是他生命中最大的乐趣。直到今天，只要一有人提起纪梵希这个名字，最先想到的两个字就是"优雅"。几十年来，纪梵希也一直保持着"优雅的风格"。因此在时装界"纪梵希"几乎成了"优雅"的代名词。

百分之百的古典与优雅，是纪梵希屹立不倒的重要原因。纪梵希华贵典雅的风格，或多或少是其个性的反映——爽朗谦和，再加上法国人的浪漫深情，令纪梵希赢得"服装界彬彬绅士"的美誉。他曾说："真正的美是来自对传统的尊重，以及对古典主义的仰慕。"这句话准确地描绘出他是一个完美主义者，同时也将其服装设计理念的精髓随口道出。

4G 精神

古典、优雅、愉悦和纪梵希风格造就了一个伟大的时装品牌——纪梵希。它一直以优美、简洁、典雅形象出现在大众面前，成为法国传统的富丽精致风格的代表之一。

纪梵希是一个最能表现人的性格及气质的时装品牌。纪梵希合身的剪裁、优雅的线条，透露出浓郁的欧陆文化感。纪梵希的简洁、清爽、周到、得体、刚柔并济，展现出经典永恒的风格。在几十年的设计生涯中，纪梵希的作品一直以优美、简洁、典雅的形象出现在大众面前。因此，纪梵希时装成为法国传统的富丽精致风格的代表之一。

早在 20 世纪 50 年代，纪梵希便打出"自由线条"的口号，将高雅与摩登相结合，推出了没有腰臀曲线的直筒式裙装。此后又推出了漏斗式彩色外套、信封式布袋装。休伯特·德·纪梵希认为，流行服装不仅仅是流行的表征而已，它还必须有实用的价值，而且不需要的东西也无须缀饰到衣服上。在当时的服装界缎带、蝴蝶结的花团锦簇中，纪梵希算是一个异数。在当时，力主衣装的简式优雅、坚持女性无拘无束的自由身躯，他刻意

忽略胸线、腰线的设计，而以低胸或直筒线条唤醒女性解放身体的意识。这股前卫的真知灼见，领先于20世纪60年代沸腾的女权运动。著名时装杂志《Vogue》评论纪梵希的作品时说："这与其说是时装，不如说是创造了一种新的穿着方式，它几乎不与身体接触，但身体曲线并没有消失。"

休伯特·德·纪梵希曾和自己的恩师巴伦夏卡对时装进行过一次反思：走向社会的新女性，就像想冲出温室的玫瑰，需要行动自如、舒适方便而又高贵优雅的新式时装。如今，虽然纪梵希历经过许多不同的设计师，但由他所创造的4G精神（Genteel古典、Grace优雅、Gaiety愉悦和Givenchy纪梵希风格）却始终未曾变动。

服装界的"赫本风格"

提起纪梵希，我们的脑海里同时浮现出奥黛丽·赫本清丽的身影。她美丽的倩影完美诠释着纪梵希时装的细致与高贵。

1953年的夏天，奥黛丽刚刚要开拍她的第二部电影，导演要她到巴黎找一些设计师们所设计的原创服饰，作为电影的戏服。奥黛丽早就知道纪梵希的名气，她对于流行服饰一直很注意，就如同球迷对棒球的狂热。

奥黛丽并不知道这场冥冥中注定相遇的时尚会面，在纪梵希的心中却完全不是这样，纪梵希相当优雅地隐藏了内心的失望："我对她的第一印象是，觉得她像个脆弱的小动物，一捏就碎。她的双眸明亮美丽，她很瘦很瘦……脂粉未施，却显得很有魅力的一个女孩子。"

当年他们初次见面时，纪梵希26岁，奥黛丽则比他小两岁。他们就如同兄妹一般，成为了一辈子的好朋友。从奥黛丽身上，纪梵希找到了一位和他对服饰同样有着高

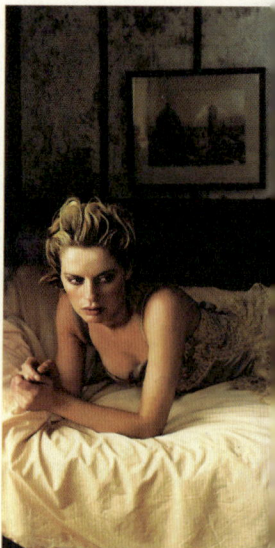

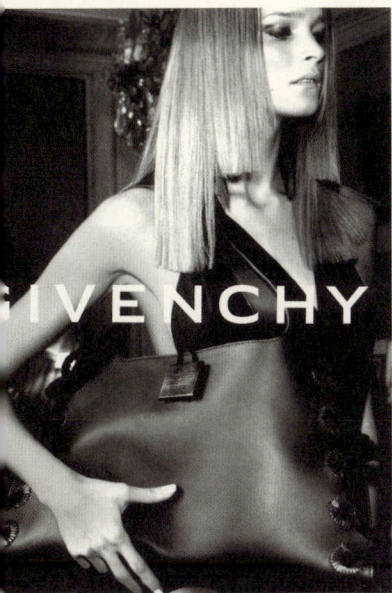

度兴趣的伙伴。他们的性格非常相似，严以律己，对待工作充满热情、兢兢业业，还有同样的优雅气质，他们的工作都是为别人带来美的享受。但纪梵希初次看到奥黛丽时，无论当时奥黛丽的眼神是多么殷切，想要得到纪梵希的帮助，但他确实忙得抽不出时间帮助她设计新戏的服装。

奥黛丽请求他，即使不能为她设计戏服，也许可以让她从过去发表会上已经做好的现成衣服里，挑一些适合她穿的衣服。纪梵希不置可否地耸耸肩，谁又奈何得了这位女孩呢？于是奥黛丽开始在混乱的工作室里挑选她想要的戏服。

奥黛丽试穿的第一件洋装，是一件灰色羊毛套装，以科利特·瑟夫量身定做的，她穿起来合身极了，因为两人的纤腰都只有 20 寸。但这件衣服穿在奥黛丽身上却发生了令人震惊的变化：纪梵希是第一个无法相信自己所见的人。这位衣衫平凡的瘦弱女孩，就如同奥黛丽自称的，不只是个女演员吗？怎会摇身一变，成为一位超级美女，她的美丽是他旗下任何一个模特儿都无法超越的。"她穿着那件套装缓缓走来，真是神采飞扬。"纪梵希说，"她说这正是她想在戏里用的装扮。不可思议的事情发生了——你真的可以感受到她的兴奋与喜悦。"

奥黛丽挑选的第二件衣服是一件白色、合身、无肩带连身长裙晚礼服，从腰间到裙摆全部覆盖着一层薄如蝉翼的轻纱，在上衣、裙身和裙摆上都绣着黑色丝绒的花卉图案。这件衣服让人无法呼吸，实在是找不到任何的语言来赞美它，这个讨人喜欢的陌生人竟赋予这些衣服无限的生命，就连它的设计者——纪梵希

也在心中惊叹：这套衣服和她真是绝配。

至于最后的这件衣服，奥黛丽选了一件黑色的洋装，是电影中瑟宾娜和莱纳斯·腊拉比在约会时穿的衣服。这件衣服的设计在腰身上采用贴身的剪裁，长及小腿的芭蕾舞圆裙，而袖子的部分则是削肩剪裁。她最喜欢这种平领露肩的设计，正好可以遮住她消瘦突出的锁骨，这一点在好久以后，她才透露给纪梵希。

当奥黛丽在自己的工作室里找出这三套衣服之后，纪梵希被这个姑娘给深深地吸引住了，她赋予了自己的衣服以新的生命，那是他这个顶尖服装设计师从前没有注意过的。他对自己的设计很有信心，但是衣服穿到奥黛丽的身上，纪梵希竟然发现了许多新的东西。

纪梵希有一句名言："女人不是单纯地穿上衣服而已，她们是住在衣服里面的。"这样的服装哲学与奥黛丽的想法不谋而合。她喜欢他的服装的简单大方，那会完美地烘托出她身上的古典与优雅气质。而且，穿着他设计的衣服，奥黛丽觉得会带给自己更多的自信和力量，在心理上帮助她。为了回报纪梵希，奥黛丽愿意为他的服装做任何的广告，而穿上它们拍电影绝对是最直接有效的。纪梵希为奥黛丽设计的戏服占据了奥黛丽在好莱坞拍摄影片的80%。在为各种杂志拍照和生活中重大的时刻，纪梵希的服装也绝对会是奥黛丽的首选。

奥黛丽和纪梵希一起，共同打造了服装界的"赫本风格"——利落的线条、简单的颜色，一切都是那么的无懈可击。两人开展了时间最长久的合作，那几乎伴随了两人一

生的光阴，他们也成为时尚界最经典的案例。一个出名的名牌的扬名，得益于电影的风行。没有奥黛丽在电影里面频频地亮相，就没有纪梵希如此早地风靡欧美；没有纪梵希精心设计的服饰，奥黛丽就无法体现出自己高贵的气质，令人印象深刻。奥黛丽和纪梵希分别代表着电影和时装的风流人物，编织出一个美好的传说。

同时，纪梵希与奥黛丽之间的友谊，对于奥黛丽也具有非凡的意义。在奥黛丽患上癌症的时候，她让纪梵希担任了她立遗嘱的证人。临终前，她送给纪梵希一件深蓝色的毛衣外套，告诉他："当你穿这件衣服时，就可以想起我。"

优雅时代的最后一位大师

湛蓝的眼眸，银白的发丝，爽朗的笑容，身高1.98米的"时尚巨人"纪梵希，凭借其独树一帜的优雅格调，在时尚界享有盛名，半个世纪以来持续不辍。他被看做是与圣罗兰、香奈尔、巴伦夏卡齐名的、法国优雅时代的最后一位大师。

纪梵希，原本希望自己能成为一名顶尖的律师，就如同家里对他的期盼一样。但是在冥冥之中，他似乎从小就与服装结下了不解之缘。在他10岁时，参观了在巴黎举办的世界博览会，当时的他对一个高级时装展厅充满了好奇，在展厅里，展示了由30个模特儿穿着的、来自法国最顶尖时装设计师设计的时装。他开始憧憬做个时装设计师，但家庭却极力反对他的志愿，而希望他成为一名律师，因此，他下决心到巴黎谋求发展。

1945年他开始为勒隆工作，从此开始了他长达43年的时装设计生涯。第二年，他进入罗伯特·皮凯公司。1947年起为著名的法思工作了两年，其间他先后在包克斯艺术学院和巴黎艺术大学进修。此后的1949年至1951年间，为伊萨·夏帕瑞丽公司工作。几年来替这些名家、名店工作的经验，使纪梵希受益匪

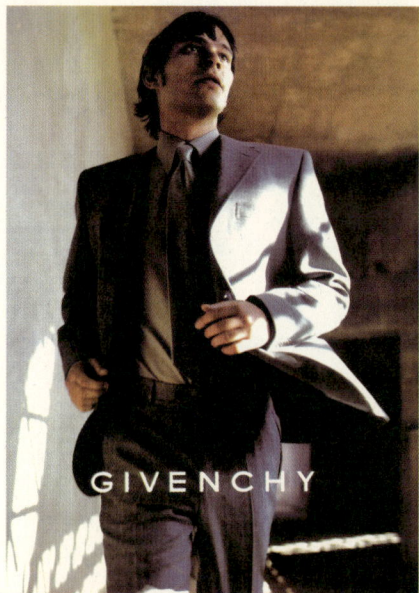

GIVENCHY

GIVENCHY

浅。1952年2月，在时装大师巴伦夏卡的鼓励下，他开设了自己的时装屋。同年，以"19世纪旅馆特色"为主题推出了首次作品展。那些象征纯粹生活的白色布料，以及典雅华丽的珠饰、刺绣，再加上变化万千的款式，深深攫取了人们的心，他对完美与"简式优雅"的执著追求，也令人们印象深刻。

1953年，纪梵希的事业出现了重大转折，他遇上了年轻的女演员奥黛丽·赫本，双方保持了长达40年的友谊。那天，纪梵希正等着赫本的到访，为她在电影《窈窕淑女》中的角色进行服装设计。他原本以为会看到一位明艳照人的大明星，不料却来了个穿长裤和平底鞋、短发、没有任何装饰、脂粉未施的年轻女孩。身材瘦平、脖子纤长的赫本，拥有纯洁无邪的气质，她在纪梵希的巧手装扮下，焕发出优雅风韵。他们也因此结为朋友，他们的名字在报章杂志上就再也分不开了。

从那时起，纪梵希开始为社会名流专门设计服装。除了奥黛丽·赫本、杰奎琳·肯尼迪，还有英国温莎公爵夫人、摩纳哥王妃格蕾丝·凯莉、影星索菲亚·罗兰和伊丽莎白·泰勒等都是纪梵希的常客。他既能设计华贵的宫廷式礼服，也能设计充满活力与时尚气息的便服，并在不断变幻的潮流中坚守品质。1978年和1982年，纪梵希两度获得巴黎时装设计最高荣誉"金顶针奖"。

1973年，纪梵希创立了他的男装王国，推出了"纪梵希绅士"男装系列，其国际分销网络不断扩大到世界各地的大都市。1988年，纪梵希公司因资金问题成为法国时装集团LVMH的一员。1995年7月，68岁的纪梵希举办了最后一次高级时装发布会，当他出现在T形台上时，全场响起了长时间的掌声，以向这位伟大的时装设计师致敬。《哈泼市场》杂志把纪梵希的退休称做"一个优雅时代的结束"。纪梵希被看做是与圣罗兰、香奈尔、巴伦夏卡齐名的，同法国风尚最为接近的设计师品牌之一。纪梵希之所以能成为时装界的翘楚，完全仰赖于他对服装始终不变的热忱："我爱美好的事物，更爱它们在我手中的感觉，当设计稿跃然成真时，内心的激动无以言语。"

VALENTINO

瓦伦蒂诺

创始人 ◆ 瓦伦蒂诺·加拉瓦尼　创始时间 ◆ 1960 年　创始地 ◆ 意大利·罗马

豪华、奢侈生活的象征

　　瓦伦蒂诺，时装的奇迹，是全世界最时髦、最能体现高贵品位的服装贵族。这个词意味着豪华、富有，甚至是奢侈，表现着一种华丽壮美的生活方式。

瓦伦蒂诺这位以富丽华贵、美艳灼人的设计风格著称的世界服装设计大师，用他那与生俱来的艺术灵感，在缤纷的时尚界引导着贵族生活的优雅，演绎着豪华、奢侈的现代生活方式。他经营的瓦伦蒂诺品牌以考究的工艺和经典的设计，成为追求十全十美的社会名流们的最爱。

瓦伦蒂诺的成衣并不追求戏剧效果和轰动效应，而是要使缝制的衣服穿得出去，在技术上完美无缺，特别是要突出女士的个性，让她们感到自己漂亮，有魅力。伊丽莎白·泰勒、莎朗·斯通、索菲亚·罗兰都喜欢瓦伦蒂诺品牌！原因不外乎瓦伦蒂诺能使她们更加漂亮。富丽华贵、美艳灼人是瓦伦蒂诺女人的特色，我们看到只有在宫廷电影中才存在的经典贵族女子的奢侈、豪华被洗练成了永恒。

瓦伦蒂诺是时装的奇迹，是全世界最时髦、最能体现高贵品位的服装贵族。瓦伦蒂诺的艺术风格犹如高级鸡尾酒会，轻快迷人，又有些大胆，使人兴味盎然。

一种华丽壮美的生活方式

富丽华贵、明艳灼人是瓦伦蒂诺品牌的特色，瓦伦蒂诺喜欢用最纯的颜色，鲜艳的红色可以说是他的标准色。红颜色，演绎了禁锢在钢筋水泥森林中年青一代温馨的呼吸、纯净的心灵、鲜活的个性，以及充满健康灵性、活力浪漫、市色激情的品牌时尚生活方式。

一直以来，瓦伦蒂诺所代表的就是精致做工与优良剪裁，这位素有"套装大师"美称的

富丽华贵、美艳灼人是瓦伦蒂诺的特
色。它宣扬的是罗马式的高贵华丽气息，
处处表现出意大利人独特的生活品位。

VALENTINO
SANI

VALENTINO

资深设计师代表的是一种对于时尚美感永不妥协的态度，从全身线条一一审视直至服装细节，无不散发出充满瓦伦蒂诺式的时尚观点。

瓦伦蒂诺与巴黎时装设计师的高级时装截然不同。自从推出首批时装系列后，瓦伦蒂诺的时装仿佛专为某一类型的女性而设计，因为瓦伦蒂诺设计的女装多采用柔软贴身的丝质布料，搭配合身的剪裁，表现出绝对女性化的特质，再加上蕾丝、刺绣的大量运用，展现高贵典雅的顶级质感。瓦伦蒂诺·加拉瓦尼那精美绝伦的剪裁、高级进口的面料和华贵奢侈的风格、黑色加上金色的刺绣，透出缕缕神秘的含蓄之美。尤其是他那"前所未有的女性化、充满人性和细致"，贴身的线条配上贴身的针脚、裙长不过膝，突出身材，晚礼服的长裤宽大的流线，充分显现了女性妩媚的味道。加拉瓦尼的设计重点包括露肚低腰裤、裙和搭配半长裤子的恰恰装以及缀上泡泡细绸布的紧身短裤。大红是瓦伦蒂诺的标准色。纯正的大红色，富丽华贵，傲气十足。当然，在瓦伦蒂诺的设计中还有其他的颜色：白色、黑色、蓝色、粉色等，无不体现着追求纯粹和完美的设计理念。

就像瓦伦蒂诺·加拉瓦尼的生活方式一样，瓦伦蒂诺时装充满罗马式的高贵华丽气息，连同后来他在巴黎举行的时装表演，也处处表现出意大利人独特的生活品位。瓦伦蒂诺备受世界时尚界和社会名流的追捧和喜爱，从伊丽莎白·泰勒到莎朗·斯通，从索菲亚·罗兰到奥尔内拉·穆蒂，从杰奎

VALENTINO

琳·肯尼迪到船王奥纳西斯等都曾向瓦伦蒂诺·加拉瓦尼定制时装。2001年，朱莉娅·罗伯茨穿着瓦伦蒂诺时装领取奥斯卡奖，而詹妮佛·洛佩兹结婚时所穿的剪裁考究的时装也是瓦伦蒂诺·加拉瓦尼专门为她设计的。

直至今日，那极致优雅、散发着不可思议的光泽感的 V 剪裁时装，依然是瓦伦蒂诺最著名的时装设计手法。瓦伦蒂诺所有系列都表达着奇特的观点，那就是对于永恒和原始的敏感把握。"瓦伦蒂诺"这个词意味着豪华、富有，甚至是奢侈，表征着一种华丽壮美的生活方式。可以说，罗马之所以能成为世界时装中心，瓦伦蒂诺功不可没，也是最有力量的见证。

瓦伦蒂诺的顶级顾客

Valentino，意大利语情圣之意，以这个名字为代表的时装也专与贵不可及的女性结缘。

罗马的西班牙广场附近，有一栋三层楼的建筑。每日上午 10 点整，总有一位绅士乘坐豪华轿车准时来到这里，推开紧闭的大门。文艺复兴式的建筑外观典雅别致，楼内的陈设十分讲究。墙上挂着主人收藏的油画名作，地面上镶嵌的是英国小方石块铺砌的地板。这座如同18 世纪西班牙王公贵族宫殿的建筑，便是意大利高级时装设计师瓦伦蒂诺·加拉瓦尼在罗马的设计总部。除此之外，瓦伦蒂诺·加拉瓦尼还拥

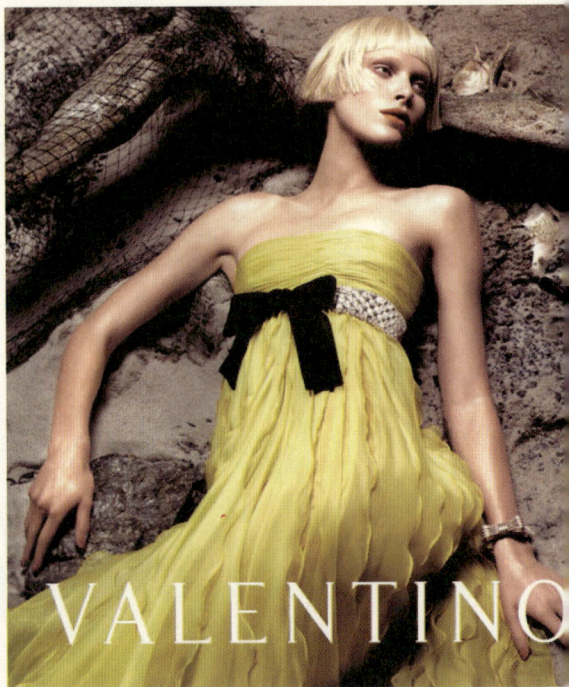

VALENTINO

VALENTINO

有多处豪宅：由名师皮特·马里诺设计、位于第五大道上的公寓、哥斯塔德的一处避暑山庄、卡泊里的一栋别墅、巴黎近郊的一座法式城堡、还有建于英国骑士桥大街一栋五层楼高的住宅。最引人注目的，要算他那艘著名的豪华游艇，整个船身以蓝白两色为主调装饰——人们称它为水上宫殿。

光顾这些豪庭的都是他那些上流社会的朋友和主顾们：杰奎琳·肯尼迪、玛格丽特公主，美国前第一夫人南茜·里根等等。她们都是瓦伦蒂诺优雅设计的追随者，她们一掷千金往往只为了一个晚上的风光。

Valentino，意大利语情圣之意，以这个名字为代表的时装也专与贵不可及的女性结缘。1968 年 10 月，杰奎琳身着瓦伦蒂诺一套白色蕾丝礼服与希腊船王奥纳西斯登上婚礼殿堂。此后几天内，罗马设计室的电话铃声就不绝于耳——40 位名媛富豪要求定制同样的婚纱。这在讲究质高量少的高级时装业中绝无先例。而杰奎琳则与瓦伦蒂诺·加拉瓦尼保持了长期的友谊，终身穿着他所设计的时装。

作为顾客只有寥寥数百人的奢侈品，高级时装不但需要有能力欣赏它的人，更加需要有财力欣赏的人。成为上流社会中社交生活的制造者，是瓦伦蒂诺保持成功的一大原因。与那些灵感来自街头或是自然的设计师不同，瓦伦蒂诺的顾客永远都是高贵的女性。除了这些成熟稳定的顾客，明星是时尚界里最亮眼的装饰品，当她们身穿优雅的礼服出现在奥斯卡颁奖典礼之上时，灿烂的星光与华美的时装同时向世界的镜头绽放。对设计师而言，这比任何品牌代言人都更具影响力，哪怕她们只是为了这个重要的夜晚而将衣服借走穿呢。

几十年来，围绕在瓦伦蒂诺身边的明星多不胜数。今日的美女明星如朱莉娅·罗伯茨、妮可·基德曼、莉兹·赫莉等人不但在时装秀中与设计师合作无间，更与他有着亲密的私交，水上宫殿上常常穿梭着她们的倩影。这艘游艇甚至见证了伊丽莎白·赫利与休·格兰特重修旧好的全部经过。"我就是专为有钱人做衣服的人。"贵族与明星，深谙此道的瓦伦蒂诺在与她们的交流中得到了最大的收益。

除教皇外最有名的罗马市民

瓦伦蒂诺的生平便是一部时尚艺术史，一部树立"意大利制造"战略意识的商业改革史，体现了他的设计室从最原始的工作室发展到今天的时尚王国神奇般的历史进程。

瓦伦蒂诺·加拉瓦尼是时装史上公认的最重要的设计师和革新者之一。他出色的成就被世界时装界公认为雄踞于包括法国的圣·洛朗等人在内的世界八大时装设计师之首。

瓦伦蒂诺·加拉瓦尼 1932 年出生于意大利，早在上高中时，就已表现出一种超前的艺术气质，他选择了时装设计和法语课程，以便为自己将来移居时装与文化之都——巴黎作准备。在与让·德塞、法国著名服装设计师盖·拉罗修一同学习和工作中磨练了自己的鉴赏力，并显露出与生俱来的才华。

20 世纪 50 年代末，踌躇满志的瓦伦蒂诺·加拉瓦尼由巴黎回到意大利，就毫不犹豫地选择在罗马独自创业。创业伊始，他遇到了无情的竞争。遍及大街小巷的时装店都拥有自己的主顾，瓦伦蒂诺几乎被人挤垮。整整八年瓦伦蒂诺·加拉瓦尼一直是个穷裁缝，直到第八年才挣到了 80 万里拉（约 700 美圆）。没钱租房的瓦伦蒂诺·加拉瓦尼住在母亲的一个朋友家里，抽空还得为朋友做家务。窘迫的经历，使他逐渐收藏起飞扬不羁的少年心气，以一种更加冷静和现实的态度对待生活。或许就是在那种环境里，瓦伦蒂诺·加

VALENTINO

拉瓦尼慢慢养成了耐心与谦虚的性格。

20世纪60年代中期，瓦伦蒂诺·加拉瓦尼开始成为无可争议的意大利知名时装设计师，他举行了著名的"无色彩"个人时装发布会，以极具时代感的"白色"系列震动时尚界，并于同年获得时装界的奥斯卡奖——耐曼·马克思奖。这次时装发布会成为他设计生涯的转折点，其简单而不失华丽的风格在他后来的作品中得到了展现和延伸，杰奎琳·肯尼迪再嫁希腊船王的时候，穿的就是他以这一风格特制的婚纱。

1968年，瓦伦蒂诺·加拉瓦尼将自己的名字作为瓦伦蒂诺这一品牌的商标，"V"开始出现在时装、饰品及带扣上。逐渐地，"V"这个字母成为了新时尚的代名词。"V"这个字母在我们的手势中象征"胜利"，用来代表瓦伦蒂诺正合适。

到了20世纪70年代，他倡导了"穿衣新法"，如紧身开衫配以印花打褶裙、套装衣裤外加及地大衣等。在其设计作品中短外套、大衣占有重要地位。为提高服装品级，他常将对比反差极大、夸张手法运用于时装设计之中，例如在打褶的毛衣下配之以金银线薄绸裙、用高级真丝制作T恤衫并在袖口缀之以珠宝饰品，瓦伦蒂诺还将法国刺绣、意大利面料与精湛的手工技巧结合起来。凡此种种都是他成功的范例。"追求优雅，绝不为流行所惑"是瓦伦蒂诺关于时装设计的名言，他将这一思想充分发挥于作品之中。正是由于他具有敏锐过人的创造力，才使他开拓了意大利乃至整个西方世界时装发展的新纪元。

进入20世纪80年代，瓦伦蒂诺的奢华感觉得到了充分的演绎。在奢华精致的造型与面料上，他开始尝试新的裁剪方法。精湛的工艺加上柔软、精致的刺绣以及复杂的褶皱装饰，优雅而又豪华，各种细节变化传达着瓦伦蒂诺对多元文化，如中世纪的雕塑、中国 18 世纪屏风、日本漆盒等的借鉴。他不断更新的感觉被人广为称道。如，款式简单的黑色套装饰以三种不同色彩的金属片加刺绣的蝴蝶结，与钻石项链上精致的小蝴蝶相呼应；19 世纪皮革沙发后的束带被借用为棉晚礼服的刺绣花边；而另一件缀满珠子的上衣则是对美国补缀布面棉被的回味，其设计充满了想象力。

20 世纪 90 年代的服装真正成为了全球性的艺术。流行的周期变得越来越短，时尚也变得越来越难以驾驭。此时，大部分设计师已转向成衣设计，而瓦伦蒂诺在每年四次的成衣发布会上仍坚守高级时装设计的领地。他的设计不断缩小着时装与艺术的距离，以卓越的风格与品质为全世界妇女创造着高品位的时尚潮流。这期间，瓦伦蒂诺最令人难忘的作品是海湾战争期间他展示的"和平服"，那件白色绉绸的直身服，用银色和灰色珠片绣有 14 种文字的"和平"一词，与用珠片拼贴的和平鸽装饰的白缎短上衣搭配，当时没有一件服装能如此强烈地表达人们的心情和愿望。

四十多年里，这位意大利华丽时装的殿堂级大师都在用他的天赋和智慧制造着时尚。对美、对浪漫优雅的追逐，让他至今屹立在时尚界的巅峰。作为一个意大利设计师，他打破了法国对手曾经的垄断局面，让罗马成为了时尚界新的"罗马王国"。罗马市长就曾说："在这座城市中，除了教皇之外，瓦伦蒂诺就是我们最有名的公民！"

圣罗兰

创始人 ◆ 伊夫·圣·洛朗 创始时间 ◆ 1962 年 创始地 ◆ 法国·巴黎

时装中的艺术品

圣罗兰代表奢华与优雅的时尚经典风格。它的每一件作品都是
艺术品，使女人不仅漂亮，而且更加自信；使男人从硬邦邦的男装
中解放出来。可以说，圣罗兰颠覆了时尚的"传统"，而这也成了它
之所以能够独霸世界的原因。

YVES SAINT LAUREN

在时装界，法国有三大时装巨匠，他们都拥有难以自弃的欧洲高贵感。他们是可可·香奈尔和克里斯汀·迪奥，再有一个就是伊夫·圣·洛朗。香奈尔俨然有几丝贵妇气派；迪奥在高雅中透着两分俏丽；而伊夫·圣·洛朗因爱好文化和现代艺术，所以其风格有七分书卷气、三分色彩绚丽的离经叛道。

在我们生活的这个时代里，没有哪个时装设计师的创造力能与伊夫·圣·洛朗相媲美。他所设计制作的服装风格迥异，早已成为了流行时尚的经典。伊夫·圣·洛朗提出的现成时装的设计思路以其独具匠心的创造性，为大多数公众带来了超前的、无可比拟的魅力。

创造美丽的使命

虽然世代的反抗和颠覆，让我们相信世人平等尊荣，然而不能否认，有些人似乎生就应当有着传奇的经历、创造力，一位出身高贵的青年创造了杰出的服装艺术。他就是以创造美丽为使命的世界级时装设计大师——伊夫·圣·洛朗。

伊夫·圣·洛朗首先是个艺术家，这意味着他同时是个勇于创新的革命者。他是一个自由的，甚至有些无政府的人，而他自己并没有意识到这一点，也不想成为这样一个人。在整个创作生涯中，伊夫都具有一种反叛性：他想毁灭旧的一切，以便创造新生。在某种程度上，伊夫有些像福楼拜，他对资产阶级平庸之辈的蔑视激发了他对自己亲密朋友博大的爱。伊夫·圣·洛朗对于时尚界而言，有如走在前端的先进改革分子，他察觉到时代的变迁，同时亦勇于挑战传统权威，创新各种新线条，充分反映他反叛权威的精神。他特别了解女人的需要，破天荒地推出了让女性穿的燕尾服、适合女性体态的西装以及充分展示古典和浪漫风格的女装，还有他所设计的郁金香线条、喇叭裤、喇叭裙、水手服、骑士装、鲁宾逊装、长筒靴、嬉皮装、中性装，至今仍是许多当红设计师创作时的主要灵感渊源。"不单是令女人漂亮，还要给她们肯定，给她们信心"

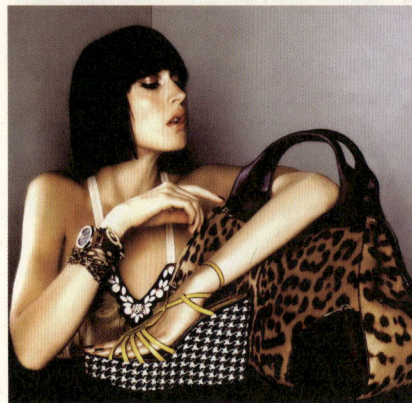

是伊夫一直努力的目标。法国《世界报》评说："他让男装穿在女人身上……同时把男人从硬邦邦的男装中解放出来。"圣罗兰的女装男性化，让香奈尔也赞不绝口，称"这就是我精神的继承"。

伊夫·圣·洛朗的作品，除反映时代需求之外，艺术气息浓郁是其另一特征。对艺术的热爱，使他多了一项鲜为人知的头衔——艺术品收藏数量最丰富的法国私人收藏家。举凡毕加索、戈雅、德兰等作品，都在他的珍藏之列。如此，艺术品自然在他作品中留下深刻的痕迹。1965年秋冬时装发布会中发表的"蒙德里安式礼服"，即是从蒙德里安的作品中获得灵感。从毕加索到马蒂斯，融合艺术与潮流的服装设计没有人可以超越伊夫·圣·洛朗。

伊夫·圣·洛朗说："创造美丽是我的生命。"他一直强调"优雅不在服装上，而是在神情中"。

YSL

最负盛名和灵感的设计师

伊夫·圣·洛朗是世界上最负盛名和灵感的设计师，从早期在迪奥的工作到现在自己生产服装及化妆品，他的感觉从未错过。

1936年，在阿尔及利亚一个富裕的家庭里伊夫·圣·洛朗出生了。他是保险公司经理查理·马修·圣罗兰和社交界名流露西安娜的三个孩子中最小的一个，也是他们唯一的儿子。4岁的时候，小伊夫已经开始对衣服感兴趣。当母亲要出席晚会时，他常常会在旁边仔细地观察母亲如何装扮自己，有时他甚至会对妈妈的衣着发表评论。

17岁时候的伊夫·圣·洛朗只身前往时尚之都巴黎，学习水彩画让他开始与美有了真正的接触。1953年，由于他精湛突出的素描创作受到了巴黎时尚界的关注，次年，以一套黑色晚宴服夺下时装设计的冠军，当时他只有18岁。著名时尚杂志《Vogue》在他高中毕业之后就立刻

聘请他担任美术设计。伊夫·圣·洛朗在时尚杂志磨练一年之后，1955 年正式
进入当时正值全盛时期的服装设计师克里斯汀·迪奥旗下工作，开始展露他过
人的设计创意。尽管伊夫·圣·洛朗刚开始工作，他的设计就已经达到迪奥的水
平。第二年，迪奥已有将近三分之一的时装出于伊夫·圣·洛朗之手。

　　1957 年，由于克里斯汀·迪奥的突然逝世，伊夫·圣·洛朗不得不接下迪奥
该年时装发表会的设计重任，结果因此一炮打红，时尚传媒以"克里斯汀二
世"的称号来赞许他的能力。毫无疑问，这位年仅 21 岁的时装金童，立刻成
为迪奥首席设计师的不二人选。

　　由于第二次世界大战的爆发，伊夫·圣·洛朗被征召入伍，但性格内向害羞
的他，无法承受军中的精神虐待，导致精神崩溃，被移送至精神病院疗养。在
这段治疗时间里，医院使用了大量镇定剂来阻止伊夫·圣·洛朗离开，最后导致
他的体重严重下降且神智不清。后来他虽然获准出院，但是这辈子离不开麻醉
药；而因为药瘾，使伊夫·圣·洛朗经历过酗酒、嗑药、自杀的生活。

　　1962 年，伊夫·圣·洛朗离开迪奥，与朋友皮埃尔·贝奇一起开创了他自己
的时装王国——圣罗兰，品牌成立之后的首场处女秀便引起了极大轰动。

　　圣罗兰服装享誉半个世纪之久，直到 2001 年，这位天才设计师宣布永远
退出时装界，他在玛索大街 5 号的时装屋从此关闭。从香奈尔、克里斯汀·迪
奥，到伊夫·圣·洛朗，高级时装设计的典雅主义时代就这样结束了。伊夫·圣·
洛朗在事先准备好的"告别辞"中说道："我今天宣布离开我深爱的时装界。
对今天的女性还穿着西裤套装、'小晚礼服'、'水手外套'和'风衣'，我备
觉自豪。我觉得自己从各个方面创造了现代女性的衣柜。"伊夫·圣·洛朗对时
装业的贡献是无可争议的。正如他应感谢诸如迪奥、香奈尔、巴伦夏卡、斯基
亚帕雷利和维奥耐特一样，后起之辈也应向他表示敬意。现在，伊夫·圣·洛朗
已年过花甲。他完全可以摆脱一切世俗去静静地思考他穷毕生精力所完成的事
业。回首往事，伊夫还会
依稀看到当年那个梦想
成功的年轻人。伊夫会
向他伸出手，告诉他成
功背后那个关于创造者
的真理："只有经历了
无数磨难与奋斗之后，
创造者才会有所创造。"

YVESSAINTLAURENT
rive gauche

RALPH LAUREN

拉尔夫·劳伦

创始人◆拉尔夫·劳伦 创始时间◆1967 年 创始地◆美国·纽约

一股自由舒服的美国气息

一直专注塑造心目中融合了西部拓荒、印第安文化、昔日好莱坞情怀的"美国风格"的拉尔夫·劳伦，是代表"美国经典"的设计师。他认为，时装不应只穿一个季节，而应是无时间限制的永恒。

RALPH LAUREN

也许，在拉尔夫·劳伦自己的世界里，他已经是一个国王；也许，关于时尚的每一个细节在拉尔夫·劳伦眼中，都是一场华丽绚烂的梦；那么，也许，所有也许的终极都在拉尔夫·劳伦一手创造的时尚神话中得到了升华。拉尔夫·

劳伦，这个把设计的灵魂完全融合进美国上流社会生活中的大牌设计师，他拥有的远不只是一个品牌，而是一个时代。

带有一股浓烈美国气息的拉尔夫·劳伦服饰在全球开拓了高品质时装的销售领域，将设计师拉尔夫·劳伦的盛名和拉尔夫·劳伦品牌的光辉形象不断发扬。拉尔夫·劳伦时装是一种融合幻想、浪漫、创新和古典的灵感呈现，所有的设计细节架构在一种不被时间淘汰的价值观上。

20世纪初长达40年的英美上层社会生活、荒野的西部、旧时的电影、20世纪30年代的棒球运动员以及旧时富豪都是拉尔夫·劳伦设计灵感的源泉。将朴素的谢克风格引用到时装设计领域方面，应该说拉尔夫·劳伦功不可没。他自称"没有代表作，没有草图，有的只是尝试"。

RALPH LAUREN

生活方式的革新者

每个人都可以在拉尔夫·劳伦这个庞大的时尚帝国中找到属于自己的一片疆土。其产品独特的视觉感受，往往会更多地让人联想到某种生活的方式和状态，而不是下一季可能流行的时装款式。正是这一点，使拉尔夫·劳伦站在了别人无法企及的位置。

很难说是纽约这个城市赋予了拉尔夫·劳伦这般简洁鲜明的设计风格，还是拉尔夫·劳伦以自己的时装阐述并延伸出纽约般的大都会气息，我们看到的是一个已经带着都会印戳的品牌，一个执著于自我风格的设计师。他的设计理念和风格亦会继续在时尚界谱写新的传奇，独一无二和坚持不懈便是经久不衰的筹码。

拉尔夫·劳伦是形象和梦想的制造者，是生活方式最成功的推销者。拉尔夫·劳伦带给时尚界最大的财富，就是他在服饰界率先倡导了一种推销生活方式的理念。他本人说："我们创造了一个世界，并邀请人们加入我们的梦想，

RALPH LAUREN
Holiday

我们是生活方式的革新者，通过讲述故事和创造商店氛围的方式激发消费者加入我们的这种生活方式。"

拉尔夫·劳伦缔造了一个庞大的时尚帝国。可是这位早在 1992 年就获得美国设计师协会终身成就奖的时装设计行业翘楚，却不认为自己是时装设计师，而只是个"具有紧贴时代的意识"的人，他的所有作品只不过是让更多的人认识一种全新的生活方式而已。

虽然早在 1963 年，威廉·莱泽就曾提出过这个理念，但时尚界一致认为能够真正实现这一理念的当数拉尔夫·劳伦。在 1970 年，劳伦就说服布鲁明黛尔（Bloorningclale's）把领带、西装、衬衫和雨衣搭配在一起陈列在他特别布置的专柜销售。当时他用红木和土黄色装饰品把专柜布置得像一家绅士俱乐部。一旦走进代表拉尔夫·劳伦生活方式的地方，消费者不单是购买衬衫，而是到处走走逛逛搭配成套购买。后来，拉尔夫·劳伦又把拐杖、古董、鳄鱼皮行李箱和其他漂亮的商品带进专柜，整个场景看起来就像上流社会富人的生活环境，此品牌也慢慢地变成地位、财富和特权的象征。200 美圆一件的费尔岛美丽图案毛针织品，或是 7000 美圆的红木橱柜，拉尔夫·劳伦看起来是属于贵族成员、社会名流和特权阶层富丽堂皇的产品。而现在所有拉尔夫·劳伦的店铺和商品陈列，都经过严谨的设计，让人们看起来，就像走进美国、英格兰地区上流社会的家庭、书房或客厅。

对于劳伦来说，用自己的设计来迎合某种时尚的短暂潮流，是再容易不过了。但这不是他的作风。他的目的是要创造出永远都没有时间限制的各种单品，来组合和搭配出永恒的魅力。"我的设计哲学是永远不用冒着时尚的风险去创造时尚"，"我崇拜这样的女人：她们在任何场合的装扮都会优雅从容，没有夸张的时尚疯狂癖好，但你却总是想让自己看起来与她相似"。

在众多时尚批评家的眼中，"这是一个个性化的时代，每个女人都想让自己的穿着不同凡响，而并不需要这样那样的所谓的经典。女人们有着五花八门的趣味，她们都力求运用自己的想象，将各种各样的魅力聚于一身"。这种现实的情况似乎和劳伦的设计理念矛盾重重，但劳伦依然是幸运的，因为在他的帝国中，诸多的商品完全会满足女人们各种善变的需求。于是，在每个女人的衣橱辞典中，拉尔夫·劳伦永远都是一个必不可少的关键语汇。经常会有一些劳伦品牌的收藏者跑到拉尔夫·劳伦的店里打听，"上一季的那件手工毛衫在哪里可以买到，我找了好久"。诸如此类。

正如拉尔夫·劳伦本人所说："我设计的目的就是去实现人们心目中的美梦——可以想象到的最好现实。"拉尔夫·劳伦本身实际也正是这种美国梦实现的最好例子：他建筑了一个 50 亿美圆的商业中心，一个自己的时尚帝国。

RALPH LAUREN

拉尔夫·劳伦的 "美国风格"

任何人都有自相矛盾的地方，在拉尔夫·劳伦身上同样能够看到。这种自相矛盾正是他能够白手起家成为亿万富翁的秘诀。这种矛盾来源于他作为出身平凡的个人与对自己人生的设计的不断斗争、有创造性的头脑与现实的社会环境的不断斗争，以及保持自己风格与迎合大众需要的不断斗争。

拉尔夫·劳伦 1939 年生于纽约，父亲是来自明斯克的俄罗斯移民，一个绝对平庸的油漆匠，母亲也只是个家庭主妇，对服装并不考究，甚至还有点儿不修边幅。劳伦从小就对篮球、棒球及球星乔埃·迪马吉约深感兴趣，在服装方面更具天赋，曾试图把军装与牛仔服结合起来，又对潇洒的学生装心驰神往。

他还和伙伴们一起学马龙·白兰度的样子，倒扭车龙头，身穿皮夹克，系紧身腰带，他说："那些旧衣服里有许多真正的故事，我喜欢的就是这个。"有两件事对他以后的设计影响深刻：一个是电影，另一个就是《Esquire》杂志。

1951 年，12 岁的拉尔夫下课后要去打工，但那时的他已经能很得体地穿衣服，使本不昂贵的衣服看起来很时髦。在攻读商业课程期间，他还同时在布鲁克斯兄弟公司做销售员。他身着粗花呢外套，驾着敞篷车四处游走。在工作中，他逐渐体会到了穿衬衫打领带的上层社会的生活形态。

这时劳伦注意到，除去那些嬉皮风格之外，20 世纪 60 年代的美国服饰几乎一无是处。当时的领带几乎千篇一律：深色，狭长。从一条领带开始，劳伦开始了自己的设计生涯。1967 年，一家领带公司为他提供了一个设计领带的工作机会，虽然从来没有受过设计领带方面的专业训练，但初生牛犊的劳伦还是接受了这份挑战。一天，劳伦带着他设计的男士领带样品去找布卢明代尔百货公司的业务经理，兴致勃勃地向他推销自己设计的宽幅领带。业务经理仔细端详了一番，然后说："拉尔夫，领带不错，不过我们想让它变窄一点儿，上

面也不要标有你的名字。"劳伦知道窄幅领带正在市场上独领风骚，但他相信自己的设计，而且不喜欢随大流。尽管非常想让自己设计的领带进入市场，因为这样会为自己的职业生涯带来巨大突破，但劳伦还是拒绝了。他相信自己的设计，坚决不肯让步。六个月后，那位业务经理打来电话："拉尔夫，我们愿意出售你的领带，而且就打上你的标签。"拉尔夫·劳伦成功了，他说："成功并不代表自己有多能干，更多地取决于内心的自我意识，坚持自我。因为，与众不同是一种优势。"拉尔夫·劳伦把这种新款式的领带命名为POLO（原意为马球），因为马球运动很容易让人联想到舒适而悠闲的美国上层社会的生活。这便是所谓的拉尔夫·劳伦式的生活方式的雏形。

拉尔夫·劳伦迅速占领了领带市场后，开始向男装进军，他的第一个作战计划便把切入点放在了他曾经疲倦过的大学校园。在他看来，大学生和上班族不一样，不需要那么成熟庄重，但是也不能彻底地把街头文化放进大学校园。于是，他的设计理念就这样应运而生，开创了一种介于上班族和街头之间的男装新时代。可以说，在将朴素的谢克风格引用到时装设计领域方面，拉尔夫·劳伦是不可或缺的功臣。拉尔夫·劳伦的女装在他拥有了自己的第一家店铺之后很快在美国的上流社会铺展开，他的女装在风格和款式上依然遵循了他一贯的作风，把优雅和休闲发挥得淋漓尽致。1974年，拉尔夫·劳伦为重新摄制的《伟大的盖茨比》设计的服装，因为温文尔雅的风度而引起了人们对花呢装亲切英挺形象的狂热。而接下来的一个历史性的设计便是黛安娜·基顿的懒散而带男孩俏皮味道的服装，又掀起了一波时尚的潮流。

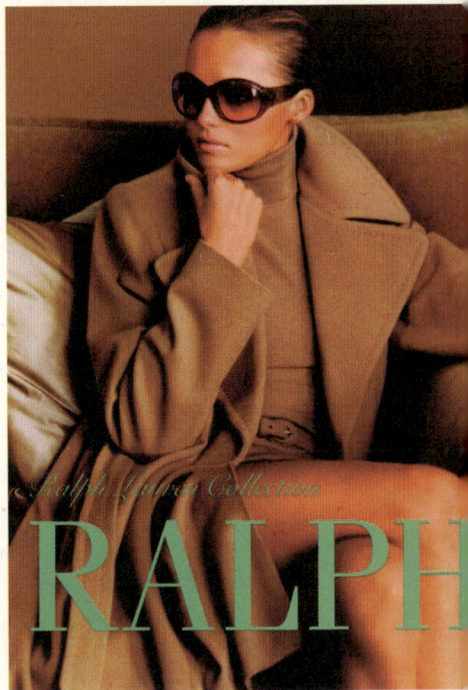

时尚潮流多变，在这摇摆的时髦中，拉尔夫·劳伦始终坚持着自己独有的利落清爽，很多评论家在说到拉尔夫·劳伦的时候，必然会提及"美国风格"。

CERRUTI 1881

切瑞蒂1881

创始人◆尼诺·切瑞蒂   创始时间◆1967 年   创始地◆法国·巴黎

法国新古典主义的代表

切瑞蒂 1881，这个被誉为法国新古典主义代表的时装品牌，既没有范思哲的艳丽色彩，也不像迪奥的大胆创新，它引人入胜的是那份优雅气质，无人能及。

切瑞蒂 1881，这个来自被誉为法国新古典主义代表的时装品牌，既没有范思哲的艳丽色彩，也不像迪奥的大胆创新，它引人入胜的是那份优雅气质，无人能及。假使你尚未穿过切瑞蒂，那么也一定看过穿着切瑞蒂的迷人身影，举凡《不道德的交易》中的罗伯特·雷德福、《风月俏佳人》中的李察·基尔、《虎胆龙威Ⅱ》中的布鲁斯·威利斯及《本能》中的米高·道格拉斯、《空军一号》中勇敢的哈里逊·福特、《偷窥》中的莎朗·斯通等，都是借由切瑞蒂所打造的银幕经典形象。而尼诺·切瑞蒂更凭着 1987 年的《紫屋魔恋》替杰克·尼科尔森设计戏服的优异表现，荣获奥斯卡金像奖提名，足以证明其设计得到认同与赞赏。

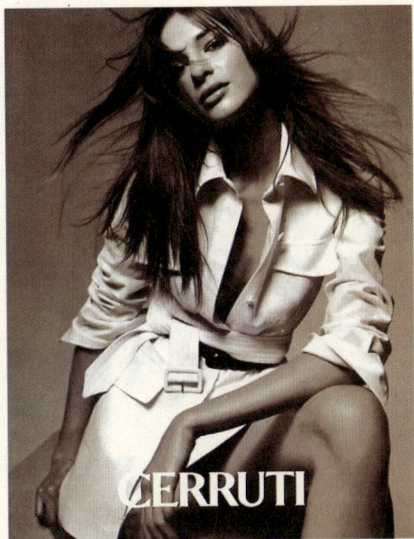

切瑞蒂不仅为好莱坞电影设计戏服，那些名流绅士、高雅贵族都愿意请尼诺·切瑞蒂专门为自己设计时装，因为切瑞蒂不仅遵守一贯风格，还能让穿着者借由服装传达出一种无声语汇，表达出一种不凡的自信与优雅。

CERRUTI 1881

一种冷静的性感和浪漫

无论男装的高贵，还是女装的优雅，视时装如生活艺术的切瑞蒂以简洁流畅的线条、细致奢华的质感与优雅的人文气息，向我们诠释了服饰的真谛：衣服要表达的是穿者的风格。

意大利时装之父尼诺·切瑞蒂对服装的诠释是："我们应该创造一种适合气候，又配合当代世界精神之服饰，而只有具有独特风格品位的服饰，才能得以发展并不被淘汰。"因此在切瑞蒂的服装中，我们可以发现在简洁的剪裁中，流露出一种无拘束但又不失优雅的悠闲品位，一种冷静的性感和浪漫之气质。

切瑞蒂成功因素很多，最重要部分在于他视服装为生活的一部分。对他而言，时尚不应改变一个人的独特个性，以及他对生活所抱持的态度，流行也不仅是设计师技巧的表现，更是一种表达自我生活态度的方法。尼诺·切瑞蒂曾这样说："衣服要表达的，是穿者的风格，不是设计师的风格。时装只不过是生活的艺术以及素质和耐用性的证明。"秉持此一哲学，切瑞蒂向来以简洁流畅的线条、细致奢华的质感与优雅的人文气息著称，舒适、自在与现代风格并

CERRUTI

列，仿佛让衣着与人们的身体更加契合。

事实上，尼诺·切瑞蒂早在1957年就推出了男装品牌"攻击手"（Hitman），1963年又推出了针织服装，但1967年诞生于巴黎的"切瑞蒂1881"品牌才是尼诺·切瑞蒂设计理念的完美体现。对于传统因素的遵循和拓展，奠定了切瑞蒂品牌划时代的地位。切瑞蒂1881款式时刻紧随时尚，剪裁上更是将意大利式的手工传统、英国式的色彩配置和法国式的样式风格完美糅合。切瑞蒂极其注重面料的选用，流畅的线条是切瑞蒂的最大特点。

如今，切瑞蒂已成为欧洲男装业鼎鼎大名的代表品牌之一，是高贵、时尚与风格的象征。在法国有这样一句话："只有穿上切瑞蒂西装的男士可以轻易地成为女人心中的最佳男士。"对此，尼诺·切瑞蒂这样解释道："当男人穿上西装时，他应该看起来像那些重要的头面人物。"也许这正说明了切瑞蒂品牌为什么能名扬四海。

事实上，切瑞蒂也和一些知名的历史名牌一样，经历了传统品牌该如何进行品牌更新的阵痛。和男装的高知名度与高接受度相比，切瑞蒂的女装系列起步较晚，不像男装一样已在消费者心中建立起了不可替代的经典地位。尼诺·切瑞蒂一直坚持得体的服装是优雅而无束缚感的，因此简单、舒适、优雅也就成了切瑞蒂女装所标榜的风格。只要懂得穿舒适的衣服、穿适合自己的衣服，每位女性都可以穿出自己的品位与风格。哪种女性又最适合穿切瑞蒂呢？尼诺·切瑞蒂说："没有年龄限制，只要是现代又自信的女性，都会喜欢穿切瑞蒂。"

CERRUTI 1881

CERRUTI 1881

意大利时装之父

尼诺·切瑞蒂被称为第二次世界大战后崛起的典型的意大利成功设计师，他严谨的创新态度为他在多变流行趋势中获取永恒的赞赏，"流行"似乎逃不开他锐利独到的眼光。

1881年，意大利的切瑞蒂三兄弟斯泰法诺、安东尼奥和奎因蒂诺在盛产羊毛的意大利比埃拉市成立了一家生产羊毛面料的工厂，并起名为切瑞蒂。这家工厂发展迅速，很快就以生产精致的高品质面料著称。1950年，安东尼奥的孙子，原本立志成为一名记者的尼诺·切瑞蒂进入家族生意圈，出任作为家族产业之一的"兄弟纺织品公司"总经理。

尼诺·切瑞蒂于1967年来到法国，并在巴黎开设了第一家服装店，即今日的切瑞蒂总店。直到1976年，尼诺·切瑞蒂才开始制作女装，继而生产名为尼诺·切瑞蒂的香水。多年努力使切瑞蒂能于百花齐放的时装界占得重要一席。时至今日，优雅气派仍是切瑞蒂的标记。尼诺·切瑞蒂自始至终认为时装都应重视穿衣者的个人风格。他将服装视为生活艺术的一部分，因此在切瑞蒂品牌每个系列中都包含着不同的意义。比如，"Cerruti Arte"阐述了尼诺·切瑞蒂当代精致主义，时尚艺术化的极致；"Cerruti 1881经典系列"以白底灰字的布标为区别，此系列的设计表达出对现代人生活形态的精湛洞悉；"Cerruti 1881活力系列"上那科技感的胶质卷标配上银灰底黄色的1881字体，让人很快地感受到此系列商品的行动力、时尚化，表现出一种休闲时尚观。

尼诺·切瑞蒂自身的价值观念、才能、严谨的风格，影响了很多欲在时尚界取得成功的人士。在绚丽的新潮时尚中，尼诺·切瑞蒂是少数持续流行主导者之一。他严谨的创新态度为他在多变流行趋势中获取永恒的赞赏，"流行"似乎逃不开他锐利独到的眼光。

CERRUTI 1881

Calvin Klein

卡尔文·克莱恩

创始人 ◆ 卡尔文·克莱恩　创始时间 ◆ 1968 年　创始地 ◆ 美国·纽约

来自纽约纯粹优雅的精神

卡尔文·克莱恩的极简设计风格就像一把性感的匕首，即使在众人之中也能准确无误地刺中崇尚简约、优雅而又性感的你。

卡尔文·克莱恩是一个极具现代精神的设计师，甚至可以称其为改变现代美国时装的人物，英国版的《Vogue》赞誉他为"创造整治和秩序的王子"。这不仅表现在他对时装设计领域的开拓、创新上，更在于他强烈的商业意识和市场观念。他在广告、市场推广方面的成绩令人瞩目。在纽约的时代广场上，卡尔文·克莱恩醒目的广告牌早已是这个世界之都的名片，连《纽约客》杂志都这样写道："看见了时代广场的CK广告，我才意识到自己身处纽约。"卡尔文·克莱恩对时装独特的诠释、他的简练朴实的时装风格、他新颖创意的服装形象及推广方式，无不使卡尔文·克莱恩品牌声名大震。短短30年间，他建立了一个庞大而充满生机的CK王国，这是一个拥有与欧洲顶级品牌一样的黄金店铺位置和精美橱窗的时装品牌。

卡尔文·克莱恩时装动摇了欧洲设计师对性感和休闲的古老定义，使得高级休闲成衣设计更趋人性化，与现代城市生活、职业模式息息相关。卡尔文·克莱恩时装适合上班族从早到晚的需要，既具有上班时所需的严肃与庄重，又适于在街上快速行走与挤车，甚至于下班以后的一般社交。卡尔文·克莱恩时装具有不拘繁缛礼节的特点，符合生活节奏快速的大都市人的生活方式需求，而且这些简洁的服装也相当优雅，具有一种含蓄的洒脱与浪漫。

纯粹的简单

卡尔文·克莱恩被称为纽约第七大道的"时装王子"，他虽已过了知天命之年，却依然保持着匀称的身材，每次出现在公开场合时，总是衣履光鲜、有型、有款、有品位，丝毫不逊色于任何明星、模特。就像他自己设计的时装一样性感、有魅力，是许多人追逐、崇拜的偶像。被美国民众选为美国历史上最具影响力的百位名人之一。

卡尔文·克莱恩一直坚守完美主义，每一件卡尔文·克莱恩时装都显得非常完美。因为体现了十足的纽约生活方式，卡尔文·克莱恩的服装成为了新一代职业妇女品牌选择的最爱。卡尔文·克莱恩是美国著名的时装设计大师，曾经连续四度获得知名的服装奖项；旗下的相关产品更是层出不穷，声势极为惊人。

从 1968 年开始建立自己的公司到现在，卡尔文·克莱恩已在时装界纵横了三十多年，并被认为是当今美国时尚的代表人物。他认为今日的美国时尚是现代、极简、舒适、华丽、休闲又不失优雅气息，这也是卡尔文·克莱恩的设计哲学。他说："我同时发现美式风格的本质也具有国际化的特征。就像纽约，它并不是一座典型的美国城市，而是一座典型的国际都市。伦敦、东京或是首尔也是一样。居住在这些城市的人会对我的设计作出回应，是因为他们的生活和需求都十分相似。现代人不论居住在哪儿，都有其共通性。"

极简风格是卡尔文·克莱恩在设计上的注册商标，也是现今的流行风潮，可是当极简风格不再是一种流行趋势时，他会改变吗？对这种疑问，自信的卡尔文·克莱恩曾说："我觉得我的设计哲学更趋向现代主义，我会继续专注于美学——倾向于强调一种纯粹简单、轻松优雅的精神。我总是试着表现纯净、性感、优雅，而且我也努力做到风格统一，以及忠于我的梦想。我想人们会因此更了解我想要呈现的是什么，他们会欣赏，并积极地回应。"

卡尔文·克莱恩本人也是如此，他自己自始至终都保持着整洁完美的形象，他所使用的色彩皆相当地简练，喜欢土色、中间色调，甚至连他自己的服装、房间、陈列室、车子均是褐色与白色系统。卡尔文·克莱恩有他自己独特的原则：在他的新作品当中，一定会找到上一季或前一年的影子，人们可以将今年新购买的上衣罩衫和去年的外套、裤搭配，产生既协调又时髦的感觉。简

单利落的裁剪线条、优雅怡人的色彩是卡尔文·克莱恩在设计路线上的强调重点。

卡尔文·克莱恩产品的另一个重要风格就是性感，因此在他的广告中这一特点得到了淋漓尽致的发挥：他的广告常采用裸体人像，旨在创造完美的、艺术化的形象；但有时卡尔文·克莱恩也会打些擦边球，比如在其内衣广告中启用一名似未成年的女模特摆出略带色情意味的露底裤姿势，就引起了颇多争议，还遭到了英国广告标准署的干涉。在卡尔文·克莱恩的概念中性感是多种多样的，所以近来他的广告中不见了昔日的骨感与颓废，取而代之的是一群活力四射、青春健康、有着灿烂笑容的年轻人，那份热情的魅力轻易掳获了消费者的心。

卡尔文·克莱恩说他要为活跃于社交和家庭生活，并在其中求取平衡的现代女性设计服装。她们是一群重视心灵、看起来亲切善良，但没有太多时间耗在穿衣镜前的女性。她们想要一种轻松、休闲而优雅的服饰，我相信这就是未来时尚所趋。就外貌来看，卡尔文·克莱恩的女性，是清新、自然美丽的，不是一种不真实的魅惑力。

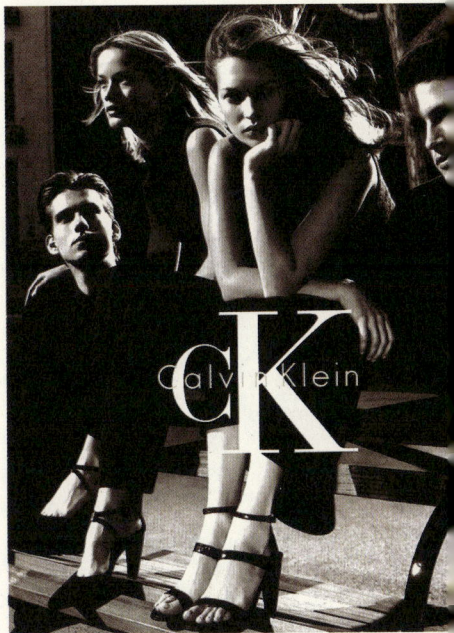

cK

纽约第七大道的时装王子

生活中的卡尔文·克莱恩极具明星风采，每每在公众场合出现，总是魅力四射，他的衣着品位、家庭生活、他的生活方式无不成为美国社会关注的话题。他曾被选为对美国历史产生影响的百位名人之一，被誉为"纽约第七大道的时装王子"。

卡尔文·克莱恩 1942 年生于美国布朗克斯区一个欧洲犹太家族，自小生活在几位对时装有着特殊感情的女性身边。他的外祖母曾在曼哈顿一家有名的服装店做样衣工，他则经常陪着母亲去商店采购衣服。他回忆说："我母亲是那种不喜欢打扮得过分女性化的女人，她当时穿的衣服甚至能和我现在设计的一些服装搭配，她穿的都是些'纯粹'的东西。"这些"纯粹"的东西是童年的卡尔文·克莱恩心目中留下的最初的服装感觉，也成了他日后终生追求的风格。

卡尔文还是个孩童时就幸遇巴里·施瓦茨，后来他们成了亲密朋友，他们为终有一天会变得非常富有这个共同目标而努力奋斗着。克莱恩在纽约的时装技术学院学习时装，施瓦茨则经营着连锁店的业务；直到 1968 年，克莱恩已满 26 岁并积累了丰富的时装业经验，他从好友巴里·施瓦茨那里借了 2000 美圆，在纽约第七大道创立了 Calvin Klein 公司。他的成功离不开施瓦茨的支持。

公司成立不久，他便去拜会时装零售业巨头克斯汀夫人，为了避免样衣出现褶皱，卡尔文自己推着挂满衣服的手推车，穿越了整个曼哈顿。当两人见面时，克斯汀夫人发现卡尔文·克莱恩手推车上挂着的是自己从未见过的衣服，她想象不到女人也可以穿这样的衣服：极其简单的线条，褐、黑、灰为主的纯色，然而你又可以想象到女人穿着它的样子：低调、时髦、干练……20 世纪 60 年代末，正是美国职业女性刚刚拥入社会的年代，她们需要那种既能穿着挤地铁，又能穿着赴晚宴的衣服，于是签下了一张五万美圆的订单，克斯汀夫人还决定给卡尔文·克莱恩品牌连续做一年的免费广告。卡尔文·克莱恩当时还一文不名，衣服能卖出这样的价格，他万万没有料到。从此，他的事业飞黄腾达，卡尔文·克莱恩也从此为人所知，声名日盛。1973 年开始，他连续三年拿到极负盛名的 Coty 设计奖。

成名之后，卡尔文·克莱恩先生一直很低调。公众场合，他几乎永远是一身黑色西装，很少接受采访，极少笑。他甚至尝试支付 500 万美圆，以阻止有关他私生活的书籍出版。但他的名字却始终频繁地出现在人们的面前。Calvin Klein，这 11 个字母被印在内裤上面，勒在数千万男女腰间，成为一种生活方式的标记。甚至连他的女儿都埋怨说在男友内裤上常看见老爸的尊名。

卡尔文·克莱恩设计的款式简单的都市服装实现了都市人十分向往的宁静生活的愿望。克莱恩认为用自己的创造来表现真实的自我并不是件难事，他说这是由于他用"心"来设计的缘故。他的崇拜者指出，如果说克莱恩总能预测人们的需求，也许是因为这位出生在纽约的服装设计大师不受昙花一现的流行趋势的影响，专门设计出与他自己形象相符款式的缘故。卡尔文·克莱恩一生都没有放弃自己对设计的热爱，在他看来，设计不仅仅是对一件衣服的精彩诠释，更是对一个品牌的未来作完美的指引。

SONIA RYKIEL

索尼亚·里基尔

创始人◆索尼亚·里基尔　创始时间◆1968 年　创始地◆法国·巴黎

现代摩登女性的典范

时装界中真正能够称为大师级的女性设计师并不多，索尼亚·里基尔的设计却创下了摩登女性的典范。她的时装总是洋溢着大都市的女性性感、艳丽迷人的风姿，令穿着者产生自我陶醉的感觉。

SONIA RYKIEL

被誉为"针织女王"的索尼亚·里基尔的名字总是不断地和各种奖项、荣誉联结在一起。她不仅是一位服装设计师，也是作家、艺术家。在时装界的女性服装设计师中，除了香奈尔能够称为大师之外，索尼亚·里基尔是唯一一个能配得起这样称号的女性服装设计师。由她一手创立的索尼亚·里基尔服装品牌已经成为塞纳河左岸的时尚区，甚至整个法国的针织服装业的典范，以及流行产业的骄傲，她以自己的经验和幻想开创了一个现代摩登女性的典范。

著名导演罗伯特·阿特曼 1984 年观看了索尼亚·里基尔的发布会后，产生了为里基尔拍部电影的想法。他导演的影片《成衣》中，索尼亚·里基尔被塑造成一个敢于向整个服装界挑战的"女英雄"，轰动了世界影坛。

"针织"是索尼亚·里基尔的精神所在，合身的腰线剪裁与瘦长的线条，表现出女性化特质，则是索尼亚·里基尔的代表符号。别出心裁的款式正是"针织女王"最迷人的魅力。索尼亚·里基尔的针织衫，或是图纹，或是领口，或是袖子，件件款式总有几个独特的地方，不断颠覆着人们对针织衫的传统印象。这位曾被称为"针织女王"的大师，崇尚的时尚哲学是"自主"，并号召女人自主地去引导潮流，而非仅仅随设计师摆布。

SONIA RYKIEL

风格即自我

没有经典的款式，没有特别强调的颜色，变幻莫测是索尼亚·里基尔最好的诠释，也透出"针织女王"索尼亚·里基尔一贯的服饰理念：风格即是自我。

在索尼亚·里基尔的作品中，编织或针织服装占很大比例，因此在时装界，索尼亚·里基尔具有"针织女王"的美称。里基尔之所以喜欢针织，因为她认为针织有想象空间，给身体最多的触觉，是包容力最大的质材；而且针织除了能跟着人的呼吸一起律动之外，对女性的身材也有修饰作用。

从编织自己的第一件"孕妇装"开始，里基尔已亲自设计了 6000 件无重复的毛衣款式。几年来，她不仅为妇女开创了穿衣新方式，使欧洲的职业或家庭妇女们爱上了自由又得体的针织服装，还成功地将她的时装王国拓展到东方。索尼亚·

SONIA RYKIEL
PARIS

里基尔的产品仅在日本的特许经营零售额就达两亿美圆。

　　几十年来，索尼亚·里基尔的天赋在服装设计中得到了淋漓尽致的发挥。她发明了把接缝及锁边裸露在外的服装，她去掉了女装的里子，她甚至于不处理裙子的下摆。在她每季的纯黑色服装表演台上，鲜艳的针织品、闪光的金属扣、丝绒大衣、真丝宽松裤及黑色羊毛紧身短裙散发出令人惊叹的魅力。

　　索尼亚·里基尔个性强烈，设计思想相当活跃自由，富有创新精神，勇于向传统的设计方式挑战，常常把自己不断接受的新思想运用到时装设计上。她认为妇女的着装应表现女人特有的魅力和各自的个性，因此她的时装总是洋溢着都市女性的性感、艳丽迷人的风姿，令穿着者产生自我陶醉的感觉。"风格，它来自于你内心深处的灵魂，但并不是每个人都能拥有它。"个人特质是索尼亚·里基尔在设计服装时认为最重要的一部分，所以，她总是希望能让穿着者能从众

多服装中探究到搭配的技巧，并陶醉在穿衣的乐趣中。她的时尚哲学向女人表述了"寻求符合自身的时尚而不是跟随时尚设计师的潮流"的概念。

　　里基尔声称："时装不应是为某一重要场合、一个特殊地方、一段时间甚至一个小时而设计的。因为每一件时装都是一样东西，可以通过加法减法、分开合拢、饰品配件来达到穿着者的要求。"因此，里基尔时装的多面性，使女性能通过基本服装的变化组合，将自己打扮得多姿多彩。里基尔不仅醉心于已发表作品的组合创作，也喜欢在每个

季节拿出新款式与以前的里基尔服饰相配合。这样，似乎已过时的服饰被注入了新的内容，变得适时甚至时髦了。里基尔这些超乎寻常的设计技巧，令时装界大为叹服。

黑色就是美

端视索尼亚·里基尔服饰的款式与风格，我们发现，黑色象征着高雅、低调和创意，黑色也意味着执著。眩目的黑色永远是新性感主义的宠儿，也是传统的象征。

有些服装大师认为，黑色永远是绝对的流行，而有些大师却用五彩斑斓告诉你没有色彩的时装，就像枯萎的花朵。于是人们开始茫然，到底要穿什么样的衣服……也许我们开始希望再次出现像曾经轰动一时的香奈尔"小黑连衣裙"，只要穿上它，就代表你是时尚的，并且绝不会出错，而不必像现在这般煞费苦心；或者能够有巴黎女人的坚定，因为最时髦的巴黎女人永远穿黑色，而且是千奇百怪的黑。

其实没有哪位设计师的设计会为黑色而放弃其他美丽的色彩，也没有哪位设计师会为美丽的色彩而放弃神秘而性感的黑色。著名服装大师汤姆·福特说："黑色是一种力量，一种极端的美。一定要以爱的情绪来享受黑。"时装大师伊夫·圣·洛朗说："黑色是我的藏身之处。"唐娜·凯伦对黑色的钟爱体现在她追求舒适、讲究质感的设计理念上。从黑色毛衣、黑色礼服长裙到黑色茶具，以及一双用于装饰的乌木筷子，都可以看出她的色彩倾向。而索尼亚·里基尔却完全改变了黑色的定义，她认为黑色就是美。索尼亚·里基尔将黑色的性感与干练发挥得淋漓尽致，使女性特有的温柔、慧黠、神秘散发出蛊惑诱人的吸引力！黑色变成了她的颜色。

为了搭配服装，索尼亚·里基尔还推出了皮带、皮包、手表与鞋子，黑色的设计、镶钻的技巧使得这些饰品反映出索尼亚·里基尔对于华丽高贵的定义。就算彩妆与保养品等产品，索尼亚·里基尔依旧大量运用黑白为基本色，装饰上华丽的金色线条以及以钻石棱角、多切面的彩妆包装设计，都一再强调出使用者强烈的个人风格。

SONIA RYKIEL
PARIS

黑色的强烈，呈现出非常两极的感觉——可以穿得极奢华，也可以穿得极平凡。就像索尼亚·里基尔自己所说的那样：“黑色在人强大时最能衬出优点，但人软弱时却不敌黑色的力量。”端视索尼亚·里基尔服饰的款式与风格，我们发现，黑色象征着高雅、低调和创意，黑色也意味着执著。眩目的黑色永远是新性感主义的宠儿，也是传统的象征。

“针织女王”的传奇

身为服装设计师，同时又是作家、艺术家的索尼亚·里基尔是时尚界少数成功的女性之一，在时装界是大师级别的人物，所以，她所主创的索尼亚·里基尔最新发布会总能引来无数期待的目光。

1962 年，当新婚不久的索尼亚·里基尔为自己设计了一款孕妇装并把它放在丈夫的服装店里出售时，她并没有想到这将是她日后巨大成功的开始，这种简单舒适的服装立刻被抢购一空。到 1964 年，她设计的针织服装已在全世界销售。于是索尼亚·里基尔被称为“针织女王”并开始为世界服装界所认识。

索尼亚·里基尔的童年背景中没有任何关于时装的迹象。“其他女孩为时装而疯狂，我却丝毫不感兴趣。”可能也只有索尼亚·里基尔才会把这当成优点：“只因如此我才会成为今天的我。如果我受了太多正规的服装教育，我绝不可能把接缝暴露在外，把底边和里子去掉。”今天，这些已为全世界的人们所接受。

如果说她的童年有什么使她成为今日成功人物的迹象的话，那也许是她那混合了大胆及坚定的反叛性格。谁也想不到，索尼亚·里基尔小时候只喜欢旧衣服，并且性格极其倔强。有一次，当她的母亲把她最喜欢的一条裙子送了人，她大发雷霆：“好吧，妈妈，那我就不穿衣服了！”说完猛冲出家门，在父母追上她之前便消失在花园里。

成年后索尼亚·里基尔结了婚，想生十个孩子：“但我只生了两个，所以我开始设计服装，因为我丈夫开了家服装店。我的设计就像玩儿，我只为自己设计，

SONIA RYKIEL
PARIS

我对于别人穿什么没兴趣。也许我想是街上最独特的女人吧——穿成那样，好像别人都不存在似的！"但她成功了，她对时装独特的理解在全世界的女性中赢得了广泛的共鸣，她创造的那种女性化、舒适、性感的时装恰恰迎合了女性的需求。同时，她给了顾客更多的选择机会："我喜欢观察女士们在专卖店里如何搭配我的设计——一个女人必须自己打扮自己，而不是被我打扮。我从不命令她们，我更喜欢让她们自己选择。这对我、对她们都更有趣。"

索尼亚·里基尔形象神秘，不喜对外露其出生年月日，有着一头蓬松的红发、苍白的面孔与艳红的双唇，火红的发色衬着她喜爱且推崇的黑色，仿若魔女一般。而她勇于追求爱情与独立的生活态度，更让她一度当选为"十大最有个性的女人"，在 20 世纪 90 年代初成为日本女性崇拜的"女性主义"偶像。有许多人把索尼亚·里基尔比喻为当代的香奈尔，是一位令人惊叹的女子。她说："我独一无二，因为我有一头红发。"

索尼亚·里基尔还是世界女性作家协会会员，并出版过四本书，她喜欢美食、白酒、雪茄烟，也喜欢平面设计，她还设计文具、毛巾、汽车装饰、鞋子和童装等等。

索尼亚·里基尔特立独行的性格在其服装中展露无遗，她决不盲从所谓的主流。回溯到这位"针织女王"在 20 世纪 70 年代设计她的第一件贴身的毛衣时，"我记得当时所有的人都不赞同我的想法，但我还是做了，因为我觉得这样的毛衣，穿在女人身上会使她们更美丽"。结果这个直觉的坚持不但让索尼亚·里基尔创造了无数洋溢着都市性感、强调自由搭配的服装，更成功造就了充满女性特质及无限浪漫的索尼亚·里基尔精品王国。

SONIA RYKIEL
PARIS

ISSEY MIYAKE

三宅一生

创始人◆三宅一生　创始时间◆1970 年　创始地◆日本·东京

来自东瀛的服饰美学

折纸灯笼般的长裙，边缘锐利的大褶皱，独树一帜的奇特面料，三宅一生凭借超凡创造力，创造了举世公认的"三宅一生"风格。这是一种基于东方制衣技术的创新模式，来自东瀛的服饰美学。

世界时装舞台长久以来一直是为金发碧眼的欧美人所垄断。曾几何时，几个来自东方岛国——日本的设计师带着一点儿神秘、一点儿莫测，更带着震世的惊叹站到了这个舞台的中央。三宅一生就是其中的一位。他不仅曾在纪梵希的公司里担当过设计师，而且开辟了一条东方通向"时装盛世"的道路。

三宅一生是伟大的艺术大师，他的时装极具创造力，集质朴、基本、现代于一体。三宅一生似乎一直独立于欧美的高级时装之外，他的设计思想几乎可以与整个西方服装设计界相抗衡，是一种代表着未来新方向的崭新设计风格。

三宅一生擅长立体设计，他的服装让人联想到日本的传统服饰，但这些服装形式在日本是从来未有的。三宅一生的服装没有一丝商业气息，有的全是充满梦幻色彩的创举，有的是浓郁的日本民族服装的印痕。他的服装里面有日本武士的影子，有神秘的东方性格的体现。但他的衣服并不排斥实用性，他在坚持自己民族的某些特点的同时，受到巴黎著名的设计师维奥内的风格影响，以他的前卫和特别超越了时间和民族的界限，成为独特的"三宅一生"风格。三宅一生的作品风格独特，个性很强。评论界认为他所表现的是活动的雕塑。设计作品充满了对比之美，生动的配色正如自然的色调一般，布料的弹性运用，在走路时亦能显出身形。而他对于材质的独到见解，使得褶皱的花样更多了。可以说，三宅一生是假服装发表之名，行艺术创作之实。

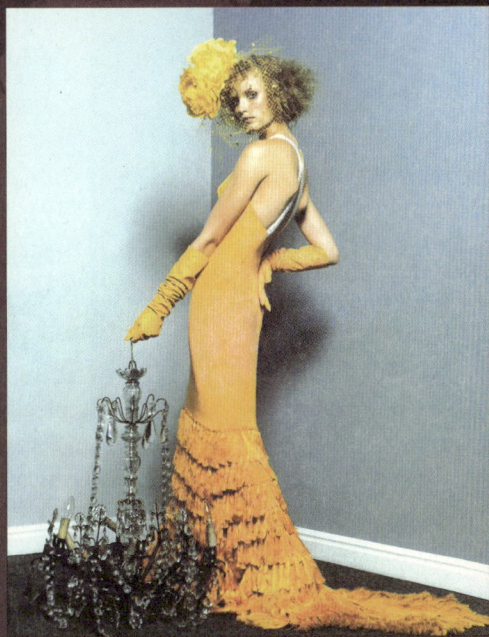

ISSEYMIYAKE

假服装设计之名，行艺术创作之实

日本文化在三宅一生的作品中得到了全部的体现，他的作品悬挂在墙壁上，犹如一件装饰丰富的和服。

三宅一生的作品既是一件件的服装，同时也是精湛的艺术作品。二十多年来欧美垄断世界时装的现象已经结束。像其他设计师一样，东方的设计师以其鲜明的个人风格走上时装的舞台。他们背靠着千年文化遗产，填补着在这一领

域中的空白，他们对美给予了全新的诠释。日本的时装艺术浓缩了庄重和简约的风格。与此同时，这些服饰所采用的面料又是非常精致的。可以这样说，日本人的贡献并非只局限于时装界，而是整个艺术领域。

三宅一生一直都面对两种重要的对抗——纯艺术和商业行为的对抗以及时尚的对抗，他非常小心地在中间寻找平衡点，并且建立了自己独特的地位。三宅一生的服装被称为是"东方遭遇西方"的结果，他的目的是让穿者从服装结构的束缚中解脱出来，却又表现独特的体形美。正如他自己所说的那样："衣服虽然穿在外面，但必须用内心体会。"由此他创立了充满东方特质的易于活动的服装，受到很多消费者的推崇。他的服装一向追求魅力十足的色彩和完美的面料感觉。轻柔体贴也是他对人体所需要的感觉作出的反应。款式、面料重量和人体的最佳搭配是他的绝活之一。

三宅一生的时装一直以无结构模式进行设计，摆脱了西方传统的造型模式，而以深向的反思维进行创意。掰开、揉碎，再组合，形成惊人奇特的构造，同时又具有宽泛、雍容的内涵。这是一种基于东方制衣技术的创新模式，反映了日本式的关于自然和人生的哲学。三宅一生品牌的作品看似无形，却疏而不散。正是这种玄奥的东方文化的抒发，赋予了作品神奇的魅力。

三宅一生最大的成功之处就在于"创新"，巴黎装饰艺术博物馆馆长戴斯德兰呈斯称誉其为"我们这个时代中最伟大的服装创造家"。他的创新关键在于对整个西方设计思想的冲击与突破。欧洲服装设计的传统向来强调感官刺激，追求夸张的人体线条，丰胸束腰凸臀，不注重服装的功能性；而三宅一生则另辟蹊径，重新寻找时装生命力的源头，从东方服饰文化与哲学观照中探求全新的服装功能、装饰与形式之美，并设计出了前所未有的新观念服装，即蔑视传统、舒畅飘逸、尊重穿着者的个性、使身体得到最大自由的服装。他的独创性已远远超出了时代和时装的界限，显示了他对服装不同凡响的理解。

三宅一生说："我在工作的时候想到的是女人的感受，揣摩她们是否高兴、是否具有魅力。这并不困难，很简单，并且使人感到愉悦。我从来也不会想到使用某些特定的色彩，我选择自己喜欢的颜色，颜色的种类并不很多。当然，可以供我选择的颜色相当多。要知道，我的工作目的不是为了制作时装，我只是怀着极大的兴趣勾画草图，我喜欢这样做，我喜欢自己的工作。"

三宅一生的设计充满东方的禅味，在设计上为穿着者预留了发挥想象力的空间，而不是拘泥于服装的具体形态：上衣可能是裤子，裤子又可能是袋子。没有边界的创意空间让三宅一生的作品始终充满发现的乐趣。三宅一生是最早在西方得到赞赏和肯定的东方设计师，他打破了西方传统的服装结构，以面料本身的质感和纹路创造出一种新的服装形式，给世界带来革命性的震撼。

ISSEY MIYAKE

永远的褶皱

灵感源自舞蹈、音乐、建筑设计的"我要褶皱"系列，被称颂为伟大经典的便利服装。这个容易保养的衣服可以丢到洗衣机直接清洗，并且洗后还能像新的一样保持原有的样子。三宅一生说："只有你的作品被日常生活接受，设计的价值才会被认可。"

如果说服装的细节能够说明一个服装设计师的特点，那么，提到褶皱，就没有人能够忽略三宅一生。从 1989 年他的有褶皱的衣服正式推出与顾客见面的时候起，三宅一生的名字就和这些褶皱连在一起。

"在巴黎，我不想模仿任何人，我只想做我自己。"在以运用褶皱为设计特色的前辈设计师维奥内的风格中，三宅一生找到了自己的设计风格并加以发扬光大。他希望自己设计的服装像人体的第二层皮肤一样舒适服帖，这些褶皱恰好能够完成这个任务，它能给穿衣人足够的活动空间，也能给他们充分展示自己的体态的机会。

三宅一生很好地解决了东方的服装注重给人留出空间和西方式的严谨结构之间协调的问题，在看似完成度不高的服装中，顾客为自己找到了完美的解决方案。所以三宅一生的褶皱服装是通过顾客的穿着来体现造型的。

在谈到他自己的设计风格时，三宅一生说："那是个实验，也是个冒险。"幸运的是，"我要褶皱"系列将三宅

一生的事业引向一个新的台阶。如今，"我要皱褶"系列，被越来越多的不同年龄与气质的女性所接受。说它是时装不如说是一种新的概念，其中包含了无法用言语表达的内涵。

一个伟大的时装理想主义者

三宅一生是一个伟大的时装理想主义者，他一直独立于欧美的高级时装之外，但他的设计思想，可以与整个西方服装设计界的总和相抗衡。因为他的设计并不局限于西方文明的设计传统，而是一种代表着未来新方向的崭新设计风格。

三宅一生给人最深的印象显然是东方式的：不紧不慢的步伐；全身心投入的工作态度，对时间的把握相当精确，希望成为时间的主人；有教养；有幽默感、实用主义的思维，比如他希望自己设计的服饰轻便、舒适，而不是拘谨地坐在饭桌边吃四人正式晚餐的格调。三宅一生的外表看起来有点像是有钱的埃及富商，肤色沉着，黑色的头发微卷，梳着背头，留着小胡子。

三宅一生 1938 年出生于日本广岛。小时候曾患脊椎炎，他坚强慈爱的母亲变卖家产竭尽心力为他医治。而就当他重病初愈时，原子弹使他失去了大部分的亲人，他母亲也被严重烧伤，并在四年后去世。三宅由此留下了两腿长短不一，走路微跛，常感到刺痛的遗患。

然而，童年时代的不幸并未能摧折他对艺术的酷爱和乐观向上的进取心。三宅一生迈向西方的第一站是巴黎。在那里他用五年的时间，通过学习和工作认识了西方的时装文化。在他 21 岁时考入东京多摩艺术学院，在艺术系学习了五年。1965 年，他进入巴黎女装联合会设计学校学习。1967 年至 1968 年，他先后担任法国设计师纪·拉罗什和纪梵希的助手。1969 年，他又来到纽约，成为时装设计师吉奥弗雷·比内公司的成衣设计师。

三宅一生在西方高级时装和成衣界修炼多年，积累了丰富的经验。他本可以像森英

惠和高田贤三那样打入法国高级时装圈，跻身国际设计大师的行列。在20世纪70年代的日本，这可以算得上一条"功成名就"的正路。然而，三宅一生却毅然回到了日本，他决心用日本自己生产的材质，"发掘出和服后面的潜在精神"，向主宰时装界的西方传统宣战。"在巴黎，我无法模仿他人，我选择了做自己。"他如此回忆道，"1968年五月事件让我看清楚了自己，坚定了我的信念。"从时装硬朗的线条与青春逆反心理二者的对比中，形成了他的风格。1970年，他在日本创立了自己的品牌，他要用一种东方的文化沉淀来诠释现代的时尚观念。1973年，三宅一生重返巴黎，在那里举办了一场时装发布会。他那种用传统和服直线剪裁方式制成的极具现代感甚至有点未来派的时装震惊了时尚之都巴黎。

在时装界，三宅一生可是一个坚持己见的另类，这就可以解释为什么他不喜欢别人加给他的头衔，即使是像"日本时装设计师"这样明显适合他的称呼。他说："一直将创造与众不同的东西作为自己的挑战。"

三宅一生的作品充分地证明了这一点，折纸灯笼般的长裙，边缘锐利的大褶皱，独树一帜的奇特面料，三宅一生凭借超凡创造力，硬是在才子如云的巴黎时装界站稳了脚跟。面对这样一位奇才，不光法国的时装大师们，就连高耸入云的埃菲尔铁塔也像是少了一些霸气。

有人说三宅一生是后现代设计的先知，但三宅一生却认为自己应该像一名古代的隐士。他说，设计师应该隐藏在作品之内，一旦作品产生，作者便即刻隐去。然而，隐不去的是他带给20世纪最后20年的流行观念。于是有人便称赞三宅一生为20世纪最伟大的服装创造家。

Oscar de la Renta

奥斯卡·德拉伦塔

创始人 ◆ 奥斯卡·德拉伦塔　创始时间 ◆ 1973 年　创始地 ◆ 美国·纽约

美国白宫的尊宠

德拉伦塔时装不仅是美国式的优雅、艺术化的时装，还有深切的人文关怀以及一颗浩瀚宽广、热情浪漫、有如多米尼加沙滩的心。

Oscar de la Renta

　　奥斯卡·德拉伦塔，是一个备受王室贵族和阔太太青睐的世界著名时装品牌。而品牌的缔造者——奥斯卡·德拉伦塔更是美国时装界举足轻重的人物，位居美国十大设计师第八位，被时装界誉为时尚潮流的始作俑者。三十多年来，奥斯卡·德拉伦塔以推出漂亮明艳的高级时装和晚礼服而享誉世界时尚舞台，用生命的激情创造着时装经典，演绎着简洁明了，却有着戏剧性风格的时尚潮流。

　　美国式的风雅是奥斯卡·德拉伦塔品牌的总体格调，无论是高级时装、成衣还是饰件都受到了女性们的痴迷和钟爱。即便是作为男性也会因拥有一件奥斯卡品牌的西装而得意一时。数十年来，奥斯卡·德拉伦塔一直以其追求精细和大胆变化的设计风格而著称，用料更讲求精益求精。在设计领域，专家们更把他比做极善剪裁、精雕细琢的"园丁"。

Oscar de la Renta

美国式的优雅

时装设计大师奥斯卡·德拉伦塔，一直充满着神秘的气息。从他的作品中，我们可以感受到他身上蕴藏的艺术家天赋和无所畏惧的探索之心。

一位奥斯卡的女性朋友用一种憧憬的口吻说："他设计的亮片缀成的紧身晚礼服，那种优雅的蓝色，让我变成了真正的女人。"虽然单件价格高达两万美金以上，奥斯卡的时装订单还是从沙特王室、欧美名媛，以及艾美奖的颁奖嘉宾那里飞来。让顾客自身的个性凸现出来是奥斯卡追求的目标。

男人们同样认为，奥斯卡设计的男装让人感觉到他在把你当朋友看，至少基辛格这样认为。深切的人文关怀，是奥斯卡作品的另一特征。美国式的简单、直接，与欧洲时装悠久的传统结合起来的特点也恰是对人的关怀。然而，奥斯卡本人的着装，则出乎意料地简朴。和范思哲等时装设计师的职业装扮相比，他看上去更像一位正在工作的园丁。

时装透露出的人文情怀，或许也只有奥斯卡能够做到。奥斯卡认为，那些顶级模特秀在T形台上的，不仅是美国式的优雅、艺术化的时装，还有深切的人文关怀以及一颗浩瀚宽广、热情浪漫、有如多米尼加沙滩的心。正是这种把工作艺术化的热情才使得他卓然不群。奥斯卡说："如果你去预测未来的流行趋势，那将是愚蠢的；我只从现在，从我们生活的现场去寻找。"

与一般的美式时装经营方式相似，德拉伦塔也推出自己的二线品牌，所不同的是其并非单纯走低价青春路线，而是从职业女性的上班服到度假的休闲装，以及夜间的任何场合穿着的衣服，一应俱全。而奥斯卡二线品牌的晚装则被评论界誉为"最佳的晚礼服系列"。正如他自己解释的那样："整个新系列对女性充满灵活性，应有尽有。实用服饰可以表现你的端庄风度，而华丽装束可将你扮成一个魅力女郎，至于休闲服则是周末等闲暇时刻的理想选择。"

德拉伦塔时装所塑造的品位形象与附加价值不容小

Oscar de la Renta

覷，质量也深获人们的信赖，正如德拉伦塔自己所说的那样："以前的服装设计师其实只是个裁缝，或者说是做衣服之人，但如今我们是贩卖生活方式给全世界。"

Oscar de la Renta

白宫的"御用裁缝"

如果你属于潮流时尚界的一分子的话，对伊夫·圣·洛朗、香奈尔等等这些名字应该是耳熟能详的了，就更不会不知道奥斯卡·德拉伦塔这个过去三十多年里在美国响当当的牌子，它甚至对整个世界时装舞台都产生了深远的影响。

美国总统可以说是当今世界政坛上呼风唤雨的人物，美国"第一夫人"的一举手、一投足当然也会引来许多关注的目光。四年一次的总统就职典礼不亚于一场特殊的时装秀。这里的羽衣霓裳不仅会影响到潮流的方向，更能展示时装、设计名流与政治名人之间的微妙关系。所以，她们对着装的要求非常严格。为了让自己的仪表尽善尽美，她们经常要向大牌时装设计师讨教，甚至不

Oscar de la Renta

Oscar de la Renta

惜重金聘请设计师专门为自己设计形象。

在美国，为第一夫人精心打造就职礼服这项传统已延续了二百多年。人们对第一夫人礼服的关注，也是从美国第一任总统华盛顿的夫人玛莎开始的。现年70多岁的奥斯卡·德拉伦塔就是如今美国白宫的高级时装顾问。2005年2月，美国女国务卿赖斯出现在美驻德国基地。接受检阅的大兵们印象深刻的是，赖斯穿着一件过膝的黑色外套，前面一排七颗金色的纽扣，军人礼服似的立领，搭配一条黑色短裙。人们觉得，这位女国务卿的装扮实在是太酷了。而赖斯的时装，正是出自奥斯卡·德拉伦塔之手。

偏爱德拉伦塔时装的不仅仅只有赖斯，美国最近几届的第一夫人们，都钟情于奥斯卡的设计。前任总统克林顿的夫人希拉里，第一次陪同克林顿参加就职仪式的时候，戴着奥斯卡设计的一顶帽子；第二次参加克林顿的就职仪式时，她仍然希望戴着这顶帽子，奥斯卡却反对，结果她听从建议，免冠出场。

如今的美国第一夫人劳拉，在布什的第一个总统任期内，以简单、中性的主妇式服装示人，遭到时尚界人士的冷嘲热讽。而在布什的第二个任期，她风格一变，身穿银蓝色的薄纱拖地晚礼服出席就职仪式，令媒体眼前一亮。美国《时尚》杂志的编辑鲍尔斯认为，从土气到优雅的转变，要归功于奥斯卡·德拉伦塔。劳拉正是通过《时尚》杂志，认识并信任了奥斯卡。

奥斯卡·德拉伦塔总能帮助引领时代潮流的富有女性显示出最佳风度，从萨拉·杰西卡·帕克到南希·里根和希拉里·克林顿，她们

Oscar de la Renta

都穿德拉伦塔的服装，因为她们都美丽动人，她们完全适合这样的服装，她们承袭了这个服装品牌的高贵血统。他不借助于露骨的性感，或某种怪异的先锋做派。他的服装柔软、舒适、独特，毫不夸张造作。至关重要的是，他的设计突出女性特点，表现在腰部的弧度或衣领附近优美的曲线。传统依然规定着女性在她们的公共生活中的位置，但她们也拥有自己的力量，在她的穿戴之下，显示着不会让人厌烦、但也不容置疑的意志。

史密森美国国家历史博物馆是永久性收藏美国第一夫人就职典礼礼服的地方。伊迪丝·梅奥是那里的名誉馆长。她说，第一夫人总要保持一种微妙的平衡。"我们倾向于把她们视为皇室的美国翻版，但如果她们真的开始穿戴成那个样子，我们又会感到不对劲，并大加针砭。"

极少有第一夫人能够在第一次把事情做对的。随着她们丈夫的任期延续，她们的朴素、优雅和魅力的水平也成比例地增加。当罗莎琳·卡特把她在她丈夫就任州长时穿的礼服再次用在了 1977 年总统就职典礼时，引发了震动。而希拉里·克林顿穿着饰有亮片的紫色礼服出席她丈夫的第一个就职典礼时，评判的结论是"寒酸!"到 1997 年，和劳拉·布什一样，她开始穿着由大师设计的特色模糊的服装，她那件由德拉伦塔设计的金色镶边礼服通过了公众评判。

Oscar de la Renta

无所畏惧的奥斯卡

奥斯卡·德拉伦塔是一个恋旧、重情的男人。他吸引朋友的不仅仅是事业的成就，更是他虔诚的生活态度——"永远知道感恩，并且无所畏惧"。

奥斯卡·德拉伦塔 1936 年 7 月 22 日生于极富诗情画意的中美洲加勒比岛国多米尼加共和国。小时候的奥斯卡曾打算做一名画家。在他刚满 18 岁的时候，这个受到激情洋溢、豪迈奔放的拉丁文化熏陶的小伙子决定离开祖国远赴欧洲。他第一站来到了西班牙首都马德里，在著名的圣费尔南多学院修读艺术设计和绘画。为了挣钱上学，他为一家西班牙报纸画时装插图。就在那时，他对服装设计产生了兴趣，不久便迷上了时装设计，并且一发不可收拾，从此改变了他的一生。他在这个领域充分展示了自己的艺术天赋和过人的创造力。他的设计草图得到当地许多设计商店的青睐，甚至不少顶级名牌商店里也陈列了许多他原创的作品。

是金子在哪里都会发光。一次偶然的机会，他得到当时西班牙一位著名女设计师的赏识，允许他到著名时装店"巴黎世家"的马德里分店当学徒。从此，奥斯卡·德拉伦塔迈出了进军时装界的坚实的第一步。

奥斯卡在"巴黎世家"的出色表现让他有机会来到欧洲艺术之都巴黎深造。他在"朗万"时装店谋得一席之地，拜"朗万"传人安东尼奥·卡斯蒂略为师，并在那里当上了助理设计师。奥斯卡·德拉伦塔此时已经在时装设计界崭露头角，看到了未来成功的曙光。1963 年，年仅 27 岁的奥斯卡在巴黎经过几年的摸爬滚打之后只身来到美国纽约著名的伊莉莎白·艾登时装店。这期间曾与人合伙开办了珍妮·德比公司，并任首席设计师。经过两年的磨练，积累了相当时装设计经验的奥斯卡另立门户，开始了自己的创业历程，着手经营属于自己的时装品牌。

20 世纪 60 年代末开始，以奥斯卡·德拉伦塔自己名字命名的时装牌子发展越来越强大。他大胆夸张的设计和高贵奢华的面料深入到了时尚界的每一个角落。最让他声名远播的是他曾经为许多知名政治人物的夫人设计过不少礼服，例如英国温莎公爵夫人沃利斯·辛普森和肯尼迪夫人杰奎琳都曾经穿过他的杰作。更重要的是，数任美国总统的夫人在公开场合的着装也是他的手笔。在时尚界原本就小有名气的奥斯卡在和政治头面人物建立合作关系之后，地位与以往截然不同。如今他成为美国白宫"第一夫人"的"御用"服装设计师。而他设计的作品因为穿在了这群身份特殊的人身上，自然也就成了人们议论的焦点，甚至一定程度上还成为了引领未来几年时装潮流的先锋。

如今，奥斯卡与家人住在多米尼加，那里风光绝美，茅草搭的圆顶小屋延伸进沙滩，水天一色，浩瀚无涯。他们的别墅在半山上，窗户对着最佳的观景位置。黄昏时，他 27 岁的大女儿拉着一匹马，沿着海滩散步，而他则在家招待来自世界各地的社会名流。

此外，奥斯卡有时会唱歌，他表示希望下一辈子当个歌星，他的朋友多明戈对此颇难发表意见，他最终还是认为奥斯卡唱得不错。朋友们都说，当想听奥斯卡唱歌的时候，就跟他说，唱唱你那张 CD 吧。奥斯卡有一张 CD，收集着他喜欢的歌，并且只喜欢这些。可见他是一个恋旧、重情的男人。其实，他吸引朋友的不仅仅是事业的成就，更是他虔诚的生活态度。奥斯卡说，我什么都不畏惧。这就是"永远知道感恩，并且无所畏惧"。

ARMANI
阿玛尼

创始人 ◆ 乔治·阿玛尼　创始时间 ◆ 1975 年　创始地 ◆ 意大利

传统与现代的完美平衡

不过分前卫，也就不会落伍；永远在优雅与时尚之间完美地拿捏着平衡，
这就是乔治·阿玛尼，这就是阿玛尼时装。

乔治·阿玛尼的服装具有世界公认的最优雅的设计，吸引了崇尚自我的人们，它是世界高层主管的最爱，也是好莱坞影星们的最爱。在好莱坞甚至流行着这样一句话："当你不知道穿什么才对时，穿阿玛尼就对了。"世界首富比尔·盖茨、美国前总统克林顿等都青睐阿玛尼这个服装品牌。

　　一直以来，和阿玛尼这几个字母联系在一起的是一个高雅节制的形象，他的服装既不显得过于前卫，也不会过于华丽和粗俗，继承了意大利成衣做工精细、面料华美的传统，他的设计在经典高雅和随意浪漫之间徘徊。和华伦天奴一样，阿玛尼的服装也是带有阶级和品位的意思——不仅仅昂贵，而且还有涵养。大多数情况下，"穿阿玛尼"是一种地位的象征。

ARMANI

阿玛尼的时尚哲学

时尚已经拓展到社会生活的每一个角落，告诉我们穿什么衣服、开怎样的车、去哪家餐厅用餐、如何度假等。潮流和时尚一直在变，但阿玛尼的风格始终如一；阿玛尼的成功，很大程度上取决于他的时尚哲学。

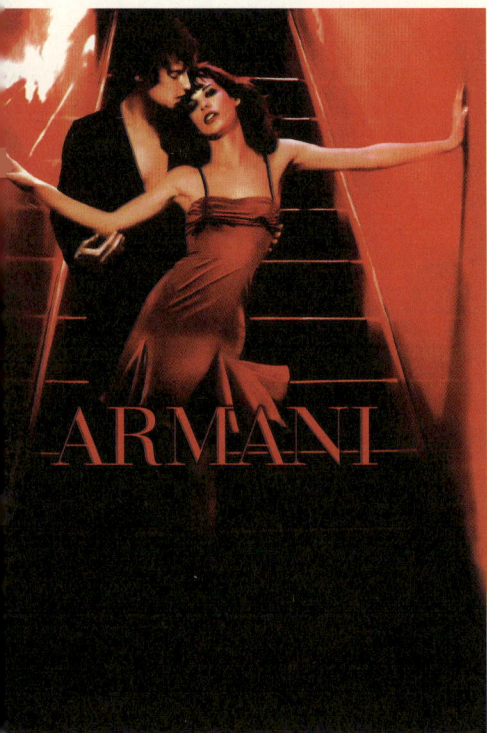

　　阿玛尼创造服装并非凭空想，而是来自于生活。当阿玛尼在街上看见别人优雅的穿着方式时，便用他自己独特的方式重组，并创造出属于阿玛尼风格的优雅形象。许多世界高层主管、好莱坞影星就是看上这般自我的创作风格而成为阿玛尼的追随者的。

　　阿玛尼的时装能否被视为艺术品，这完全取决于你对艺术的定义。不过，恐怕也没有人能否认乔治·阿玛尼在 20 世纪世界时装史上的重要地位。这位以颠倒传统性别服装代表的中性裁剪和中性色彩而闻名的意大利人，擅长把与女装相关的元素应用到男装传统中，又为女人创造出一种低调内敛的新着装方式。在两性性别日趋混淆的年代，服装不再是绝对的男女有别，乔治·阿玛尼即是打破阳刚与阴柔的界线、引领女装迈向中性风格的设计师之一。

　　在 20 世纪 80 年代，阿玛尼被认为发动了一场革命——他把一件男士夹克衫套在女人身上，但里面不是

搭配衬衫和马甲，而是配上名贵的胸衣或者针织衫来遮住她们裸露的胸部。然后，他对传统的男士套装进行重新搭配，用结构流畅的款式来解放男人们长期被商业服装所压抑的形体。这样，仅仅用一件夹克衫，阿玛尼就改变了时尚的方向。

阿玛尼让女人的身体摆脱了只有穿女性服装才能够被接纳和认可的紧张状态，认为女人能够具有属于自身的美丽和性感；而男性也一样。阿玛尼曾经这样说过："我的时装不是中性时装，但它确实坚持男性服装更加柔和，女性服装更加有力量。我知道在每个人的身上都存在着男性和女性两种成分来创造一种和谐的平衡，那些认为男性应该显得孔武有力，而女性就应该妩媚的观点不过都是些陈词滥调。"

欧洲许多知名品牌都有着百年历史，而阿玛尼品牌为何能在短短的时间里脱颖而出？阿玛尼认为自己的成功有很大部分是由于天时、地利、人和。阿玛尼这样来诠释他的品牌理念："品牌是一种名望，它的内涵不是轻浮表面的东西，而是具有可以经得起时间考验的价值，它应该有一种连续性的因素在里面。

GIORGIO ARMANI

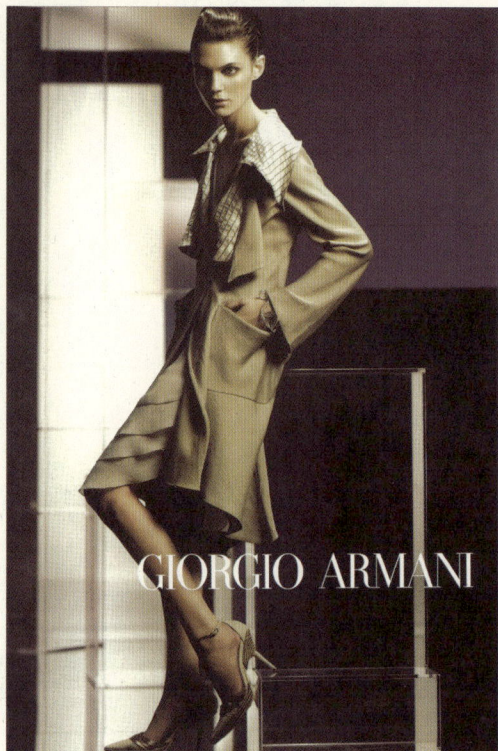

我的一个原则是：让女性和男性穿出来的衣服都尽量地完美。我要让他们跟上时代的步伐，既不是一个过时的人，也不是一个超前的人。"

介于传统与现代间的典雅

阿玛尼的服装似乎很难定格于某一特别的形式，因为它适合于城市里的生活，是介于传统与现代间的典雅。让男性服装更加柔和，女性服装更加有力量。

我们习惯把阿玛尼看做是经典、时尚和奢侈的象征，也同时津津有味地迷恋于它持久的魅力和贴身的感受。阿玛尼的服装似乎很难定格于某一特别的形式，因为它适合于城市里的生活，是介于传统与现代间的典雅。

穿着蓝色阿玛尼夹克的阿玛尼迷吉姆·琼斯曾说："这不是正宗的华盛顿版的阿玛尼衣服。但是它和我的白衬衫、红领带、卡其布的裤子都很配。自阿玛尼出任《美国舞男》设计师起，他就从来没有从根本上改变过自己的设计，他的衣服一直都是那样的舒服。"诚然，阿玛尼的本事在于把衣服设计到既保持高雅感觉又不失性感魅力这样一个境界。阿玛尼的服装都拥有豪华的高品质的面料，每一件都是精品，具有广泛的可配套性，这使得单品组合成了它的又一风格特性。衣装尽管昂贵，但都有着独特的魅力而不是那种过分的夸张。乔治·阿玛尼就曾说："对我而言，好的设计或者性感的设计有三个原则：一是去掉任何不必要的东西；二是注重舒适；三是最华丽的东西实际上是最简单的。简而言之，就是'看似简单，实则包含一切'。"

乔治·阿玛尼始终认为，性感与年龄无关，性

感只跟态度有关。所以，当小明星们企图引起别人注意的时候，她们穿上"范思哲"；但如果想赢得尊重的话，"阿玛尼"才应当是首选。

时装界的教皇

在时装多元化的今天，他不再是一统江山的帝王，但他依然是盘踞一方的霸主。所以有人这样说道：在意大利，他们有教皇和阿玛尼。

阿玛尼进入时装界，纯粹是误打误撞。他原本与时装界无关，是一个在百货商店布置橱窗的工作改变了他的一生。一个极其偶然的机会，他在意大利著名百货商店丽娜桑德的分店找到了一个布置橱窗的工作。正是这个机会使阿玛尼闯进了世界时装的大门，他开始积累有关时装的全部知识，学习时装设计的相关技巧。他在时装部工作了七年，这七年奠定了他作为服装设计大师的坚实基础。一天，当时意大利的纺织界权威、人称"纺织大王"的塞洛蒂急需一名时装设计方面的助手，商店经理就推荐了阿玛尼。塞洛蒂对这位精明而又敦厚的年轻人十分满意，因为他让阿玛尼在一大堆面料里挑出最出色的产品，阿玛尼选的恰恰是塞洛蒂最喜欢的面料。于是，他被聘为塞洛蒂公司男装设计师，年薪四万美圆。这个收入在当时是很高的。

八年之后，34 岁的阿玛尼放弃了稳定的高薪职位，与建筑师赛尔焦·加莱奥蒂合作，在一间不到 14 平方米的房间里，开了一个服装设计室，开始了自己独立的服装设计生涯。1974 年，当乔治·阿玛尼的第一个男装时装发布会结束之后，他获得了"夹克衫之王"的美誉。为了充分发挥自己的才能，乔治·阿玛尼开始创立自己的品牌，并听取了合作伙伴的建议，共同开设了一家公司。1975 年 7 月 24 日，他们创建了阿玛尼股份公司。这一年他已经 40 岁了。

阿玛尼闯进顶尖品牌行列的转折是在 1980 年。当年阿玛尼设计的阿玛尼男女"权力套装"

问世。为了将此设计向高端人群推广，阿玛尼将此套服装提供给《美国舞男》中的男主角理查·基尔，阿玛尼为理查·基尔饰演的主人公设计了至少30套西装、浅色衬衫和成百条领带，Armani 商标对于这个"比佛利山高级男妓"的形象无比重要。外形俊朗的理查·基尔以容貌和身体取悦他人，有着视觉感官美的服装成了他的第二个身体，一些与性爱有关的潜台词被蕴涵在阿玛尼看似宽松随意的设计风格中。所以，曾有服装评论家说："阿玛尼从性的角度解放了男人和他们的衣服，同时又让他们保住了自己的男性气质，让他们自由地被女人和其他男人所注视、所欲想。"后来这部影片的成功，使阿玛尼品牌在好莱坞这个明星云集的城市受到追捧。

乔治·阿玛尼从不改变自己的形象，他异常锐利的目光中充满了苛刻、质疑与顽强的操控力。把梦想、选择、创意再加上把想法变成现实的过程中遇到的困难来制作一件服装，然后无论男装和女装都要把这个过程乘以200，重复30年，每年2次。显然这是一个疯狂的、令人精疲力竭的工作，除非你具有超乎寻常的信念与意志力。就像曾经有国外媒体夸张地说"在意大利，他们有教皇和阿玛尼"，确实，在阿玛尼身上有一种帝王般的威严气质。与他一起工作10年以上的员工仍然称他为阿玛尼先生。

有一次，当阿玛尼被问到究竟是什么在驱使他以这样的激情投入工作时，阿玛尼的回答是："或许是一种恐惧，至少是一种害怕被淘汰的恐惧。你很容易觉得在这个年纪没有必要再证明你仍然优秀，即使你不再像从前那样富有创造性和想象力了。人的一生中创造力的曲线必然是先上升后下降的，但是我认为放弃创造就意味着放弃生命，意味着我自己的工作和生命的终结。"

GIANFRANCO FERRE

詹弗兰科·费雷

创始人 ◆ 詹弗兰科·费雷　创始时间 ◆ 1978 年　创始地 ◆ 意大利·米兰

时装的建筑艺术

费雷的时装充满建筑式的诗情画意和遐思幻想，使他获得了令人望尘莫及的荣誉。他为我们重新诠释了时装的意义：时装是由符号、形态、颜色和材质构成的建筑艺术。

GIANFRANCO FERRE

当我们把视线都投向迪奥这个无人不知、无人不晓的品牌时，总会想到费雷；当我们看到这位大腹便便、戴着眼镜、绅士味十足的大师时，我们也会自然地想到他背后那两个闪闪发亮的字母 CD。可是，我们可能忽略了他自己的品牌——詹弗兰科·费雷。这个意大利殿堂级的品牌，拥有着一大批成熟、富有并极为忠实的客户。在他的表演秀中，能令那些成熟女人感动得落下泪来。

詹弗兰科·费雷的设计是源自他自己的世界，而很少理会现在时尚界时兴什么，是一种混合了意大利高级定制时装及戏剧的效果。这个与范思哲、阿玛尼鼎足而立的意大利大师，以单纯的线条、华丽的面料和鲜艳的颜色而出名，一般被认为是简约主义和现代主义的支持者，他代表了为设计而设计的自由主

义精神。无论是在回应传统的需要，还是在追寻理想的边际，抑或是单纯地表达强烈的浪漫，他的作品总是那么具有创造力。在今天，他就是精确、精致和精美的同义词。

GIANFRANCO
FERRE

刚柔相济的建筑式设计

如果把服装想象成一座建筑的外观，那么你最想让它呈现出什么样子？这或许是最常出现在服装设计师詹弗兰科·费雷脑中的一句话吧。詹弗兰科·费雷设计风格中最明显的特色即是他宛如建筑钢骨结构一般巨大却简洁的气势。

有人说，詹弗兰科·费雷的服装设计和意大利歌唱家帕瓦罗蒂的歌声一样富有魅力。由于他的建筑学知识，使他在服装设计上运用了相类似的逻辑思维与创作方法，他是用剪刀和布料"建造"人的外观造型，他的时装设计如同建筑设计：高度谐调，精确无误，款式隽永。因此，美国的服装权威报纸《W.W.D》（《女装日报》）将费雷誉为"时装界的 F.L. Wright"（美国现代建筑设计大师）。正如他自己所说："我所接受的建筑方面的教育给了我理解服装的基础。我们知道一件衣服是用布料做成的，是平面的，通过剪裁我们赋予其形状，给穿者塑造一种形象。我认为在创造服装的时候，既需要人的创造欲，亦要有技术，这种技术就是设计师的技术，它反映了你的研究、细心的观察和精心的经营。"

如果要概括詹弗兰科·费雷所设计的服装的特点，可以用"精确"、"优雅"这两个词来形容。虽然这是个问世才二十余年的品牌，

费雷向女人们诠释了这样一个真理：无论哪个年龄段，魅力女人都会对自己充满自信。女人有了智慧，就会与众不同，年龄和衰老是天然的，魅力是创造的。

如今，已经没有人会说着装是否和年龄相配，凡是魅力女人不再关心："我是不是太老了，再也穿不了这件衣服"，她们只会说："我穿这件漂亮吗？"

GIANFRANCO
FERRE
FORMA

但一经出现就展示出它与那些声名显赫的前辈具有同等的实力和魅力，成为令人信赖的高级服装。这个牌子的特点是刚柔相济、轮廓清晰，面料考究、色彩鲜明，裁剪细部精巧，设计平和却十分抢眼，让人感到了一种传统中的现代、摩登中的古典。犹如詹弗兰科·费雷为商标而精心采用的端庄、严肃的印刷体，这种商标形象已清楚地说明，这是一个严格继承欧陆传统经典的品牌。因此，费雷品牌服装和设计师詹弗兰科·费雷本人一样为人们看好，其声誉日隆。在费雷的设计理念里，不论外形、线条、素材、花色甚至配件的选用，都强调利落、简洁，在整体感上呈现大师的磅礴气势。浪漫和务实的双重性格使费雷具有非凡的洞察力和工作效率。纵横时装界三十多年的詹弗兰科·费雷，不但在设计之路上忠于自己的想法，更把建筑学中的严谨放在时装上，使剪裁技术异常出色，令他有"时装界的建筑大师"之美誉。或许是早年曾学习建筑的原因，费雷在一定程度上受建筑艺术原则的影响。其设计坚持满足消费者需求的原则，注意实用功能，常选用高质量的面料。非对称的戏剧化的比例和清晰的线条构成独到的设计风格。正如费雷自己所言："作为一名设计师，我的作品产生于多方因素集合的背景过程中，其中创意与想象力起着重要作用，而最坚固的基石则是理性的分析。"

GIANFRANCO
FERRE

时装界的建筑大师

詹弗兰科·费雷从不满足于世间所给予的高度评价与光环，他只向未来瞻望而不画地自限，不断开发新的风格视野给消费者。詹弗兰科·费雷绝对是所有时尚人心中永远的设计大师。

1944 年 8 月 15 日，詹弗兰科·费雷出生在米兰附近一个富裕且有教养的工商家庭，富有的生活为他的全球旅游提供了条件，他曾到过北欧、南美和远东。他毕业于米兰理工学院，在那里他获得了建筑学的学位。但是随着对时装的兴趣不断增加，他从设计珠宝与配饰开始，尝试着迈出了时装设计的第一步，还萌发了以此为事业的念头。

由于詹弗兰科·费雷所创造的作品展示出他过人的设计才华，很快就被当时意大利最负声望的时尚新闻业内人士发现。他们的认可给了费雷很大的信心，于是他正式开始设计成衣并为当时一些服装大企业工作。一次在搜集面料的印度之行中，他被东方式的处理线条与色彩的简洁深深折服，他领略到纯净才是所有优秀设计的精髓，这种理念一直左右着他以后的设计风格。

1974年，他返回意大利，与弗兰克·马提奥利共同开创了服装事业。四年以后，1978年10月，两人一起组建了詹弗兰科·费雷时装公司，而詹弗兰科·费雷也发布了自己第一个女装系列。他的服装很对那种高高大大的知识女性的口味，看上去也很合路。他创造出的白色女士衬衫成了詹弗兰科·费雷的标志性服装。费雷的女装最能诠释都市淑女兼具的干练气质与妩媚风采。他惯以铝制的配饰如胸花、领结或取素材上明显的图案如条纹、圆点、动物皮纹等，营造出无懈可击的女性风情。

1982年1月，詹弗兰科·费雷开始尝试设计男装。费雷设计的男装别具一格，他认为男装不该因袭传统。多年来男装风格为英国传统的陈旧风格所统治，男装的领导者是温莎公爵等王公贵胄。而今男装象征的不仅仅是地位、权势，更是现代精神和文化的体现。因此，费雷的男装突破了传统拘谨的模式，舒适自由、线条柔和、阳刚气十足的鹿皮装，麻质便装及源自运动装的便装，实现了他的设计思想——"男装需要自由"。

1989年，他受雇于LVMH，成为迪奥首席设计师。当时尚评论界得知这一消息时都非常震惊，因为这个沙文主义很重的时装屋竟然接受了一个意大利人来掌管。在那里，詹弗兰科·费雷待了七年，将诗意和幻想融入服装中。他为迪奥设计的女士手袋（以他已故的朋友黛安娜王妃命名）是最经久的设计。与此同时，詹弗兰科·费雷也继续为自己的品牌增添了无数经典的设计。

范思哲

创始人◆詹尼·范思哲　创始时间◆1978 年　创始地◆意大利·米兰

意大利文艺复兴传统的现代写照

人们说范思哲即意大利文艺复兴传统的现代写照，"意大利人"成为范思哲的雅号，"意大利制造"成为范思哲作品的标签，对民族文化的崇尚让这位时尚领袖的作品个性魅力十足。

VERSACE

如果我们要在世界时装设计师的名录中寻找一位将"性感"这个词表达到极限生动的人，那就应该是詹尼·范思哲。詹尼创造出了曾让高级女装界震惊不已的风格：把大众通俗的东西融进布尔乔亚式的高级女装中，连颈式上衣、迷你裙、紧身裙这些看来有媚俗之嫌的设计，被他用各种面料、印花和色彩不可思议地赋予了贵族品位。

范思哲的设计以奔放的风格和色彩缤纷的图案傲立于时装界。幽默、豪华、性感、超现实、高科技……各类元素都成了范思哲女装的妩媚卖点，他用色张狂，被称为"调色大师"。一些有争议的元素在他的设计中也时常出现，并企图将其发扬光大。范思哲最重视女性美的体现，善用不同的质料和剪裁方式去体现。他的设计（包括花形和图案）都广被仿制，流行性最强，成为真正的时尚引导者。

VERSACE

穿梭在性感与优雅之间

范思哲的设计是独特的美感极强的艺术先锋，强调快乐与性感，他撷取了古典贵族风格的豪华、奢丽，又能充分考虑穿着舒适及恰当地显示体形。范思哲品牌服饰兼具古典与流行气质，并游走于高雅和通俗艺术之间。

著名意大利服装品牌范思哲代表着一个品牌家族，一个时尚帝国。它的设计风格鲜明，是独特的美感极强的先锋艺术的象征。其中魅力独具的是那些充满文艺复兴时期特色的华丽的具有丰富想象力的款式。这些款式性感漂亮，女性味十足、色彩鲜艳，既有歌剧式的超于现实的华丽，又能充分考虑穿着舒适性及恰当地显示体形。

范思哲服装远没有看起来那么硬挺前卫。以金属物品及闪光物饰的女装、皮革女装创造了一种介于女斗士与女妖之间的女性形象。绣花金属网眼结构制造是一种迪考艺术的再现，黑白条子的变化应用让人回想起 19 世纪 20 年代风格，丰富多样的包缠则使人联想起设计师维奥尼及北非风情。

斜裁是范思哲设计中最有力、最宝贵的属性，宝石般的色彩、流畅的线条、通过斜裁而产

生的不对称领有着无穷的魅力。采用高贵豪华的面料，借助斜裁方式，在生硬的几何线条与柔和的身体曲线间巧妙过渡。在男装上，范思哲品牌服装也以皮革缠绕成衣，创造一种大胆、雄伟甚而有点放荡的廓型，而在尺寸上则略有宽松而感觉舒适，仍然使用斜裁的方法。宽肩膀、微妙的细部处理暗示某种科学幻想，人们称其是未来派设计。

　　1975 年，范思哲举行了第一次皮衣发布会，这次发布会的成功使年轻的设计师欣喜若狂，以至在以后几十年的设计生涯中，皮革一直是范思哲最倾心的时装面料。他喜爱皮革所表现的力量、感性及它的色调和质地的丰富，而丰满而无法抗拒的皮革"象征着他心目中佛罗伦萨的辉煌"。从一开始范思哲的作品就贯彻了他对意大利文化的热爱和独特理解。而人们印象最深的是后来 20 世纪 90 年代初他为"感性的现代女子"设计的斗士皮靴，风靡全球至今，让人们从范思哲的皮革设计中体味到了意大利古典文化与现代精神的完美结合。

　　范思哲的设计风格非常鲜明，是独特的美感极强的艺术先锋，兼具古典与流行气质，并游走于高雅和通俗艺术之间。范思哲品牌所注重的快乐与性感在毫无顾忌的奔放、激烈、直露、大胆的撩拨下，那种豪放、奢华、高雅、浪漫的宫廷气息却不着痕迹地流露，真令人匪夷所思。就是这种斗争着的和谐、充满诱惑力的性感与不能抗拒的激情，成就了范思哲的个性。

VERSACE

时尚中的智慧者

饱含文化能量的时装作品虽从传统中吸取灵感，却不拘泥屈从于传统。范思哲——时尚中的智慧者总是能从生活的平凡、迷乱、躁动中捕捉到优雅的美好与独特。

以范思哲命名的第一件作品诞生于1978年，从此，那些独具想象的华衣带着文艺复兴时期歌剧式的浓墨重彩于时装舞台上标新立异。人们说范思哲即意大利文艺复兴传统的现代写照，"意大利人"成为范思哲的雅号，"意大利制造"成为范思哲作品的标签，对民族文化的崇尚让这位时尚领袖的作品个性魅力十足。

饱含文化能量的时装作品虽从传统中吸取灵感，却不拘泥屈从于传统。时尚中的智慧者总是能从生活的平凡、迷乱、躁动中捕捉到优雅的美好与独特。战后的成衣批量生产与休闲运动装流行趋势为范思哲的事业大开方便之门，美式的休闲运动型款式与意大利的豪华尊贵材质结合，将意式的实用性、功能化与范思哲惊世骇俗的性感华丽相融，于是，那些宽松式图案及色彩，一次次对人们的视觉与体验进行挑战。

范思哲的顾客身份迥异，既有王公贵族，也有黑人摇滚乐手，艾顿强、麦当娜、邦乔维、蒂娜·特纳等演艺界名流都是他的拥趸。詹尼·范思哲将艺术热情、高超的时装设计水准和自己一手栽培的顶级名模成功地结合在一起，进而成为国际豪华时装秀最积极的策划者和参与者。

范思哲是戴安娜所青睐的众多时装设计师中一个可称之为朋友的人。英国式的设计过于保守和严谨，虽然能很好地衬托出戴安娜的大家风范，但也不可

...KATE,CHRISTY,ANGELA,CAROLYN AND DARIA FOR

VERSACE

避免地淡化了戴安娜的个性。范思哲为戴安娜设计的晚装则不同，戴妃的活力和热情呼之欲出。范思哲给戴安娜设计过一套蓝色单肩晚装，选用的是很娇艳的蓝色绸缎，身着此装的戴安娜像夏日阳光下一泓流动的海水。裸露单肩的设计，有一种装饰味很浓的建筑美。

在西方国家，演艺界的名人是范思哲注目的对象，一旦这些名人穿上范思哲的服装参加奥斯卡的颁奖仪式，电视台把各位大明星的形象向全世界转播，范思哲的作品自然而然就传向了全世界。在影视明星中，澳大利亚打入好莱坞的妮可·基德曼是范思哲的明星人物之一。在奥斯卡的颁奖仪式上，一头金发的基德曼一身金色套服，再加上金色的带链小手包，虽然没有任何袒露，但是把苗条的身材完全地衬托了出来。这一套服装很快就引起了不少人的注意，成为范思哲公司的畅销货。另一位举世闻名的电影明星就是史泰龙。史泰龙长得结结实实，肩宽体壮，但是按照美国人的标准体形来衡量，史泰龙就显得有点身材不够尺寸，双肩宽度过大。范思哲在 1991 年 2 月 10 日为史泰龙精心设计了两套服装，其中一套深蓝色的西装加上牙白色的衬衣，把两肩过大的缺陷掩饰下去了，使史泰龙的身条顿时挺拔了许多。至今范思哲为史泰龙设计的这套西装仍为美国演艺界和时装界所推崇。20 世纪 90 年代初，麦当娜为范思哲拍的一系列宣传照也是其中的经典之作。麦当娜的野性与范思哲的明艳被称为天衣无缝的组合。

范思哲在与名人交际方面保持了不忘旧和不嫌弃一时失意之人的风格。咬掉霍利菲尔德一块耳朵并吐到拳击台上的"拳王"泰森对服装大师范思哲早就尊崇备至，在泰森犯法被关进班房之后，泰森很想念范思哲设计的短裤，范思哲闻讯后特意给他送去了一些服装，这使泰森感激涕零。泰森出狱之后重登拳坛，当他连战连胜时，其的短裤也变成了美国青少年的爱物。这使范思哲的短裤的销售量大幅度上扬。

"范思哲的成功之处在于他能够通过传媒手段和明星人物把影响扩大到消费者的家。"纽约第五大街最有名的萨克斯时装公司的总经理马雷·布拉沃认为，范思哲的崛起促使时装业本身的精神实质得到了升华，把普通的衣服变成了艺术。这是范思哲对世界时装业的巨大贡献。

英国的超级时装模特儿纳奥米·坎贝尔是范思哲扶植起来的明星。在时装业界，像坎贝尔这样的黑人女子当超级模特儿的现象并不多见。作为黑人名模的坎贝尔具有火辣辣的表演性格，她充满活力的形象，增加了范思哲服装的魅力。范思哲去世之前，坎贝尔每次登台表演都可以从他那里拿到上万美圆。

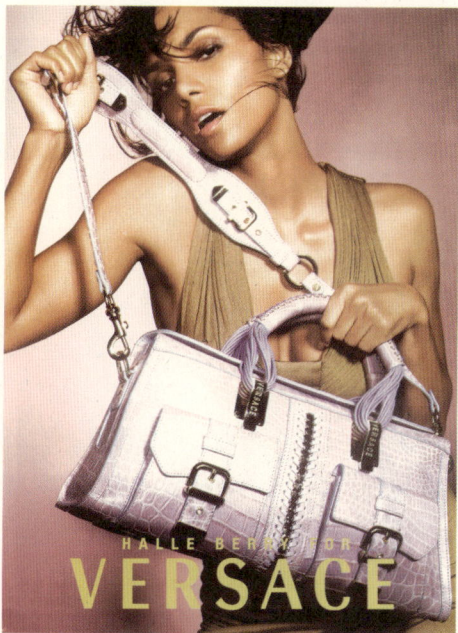

世界上最伟大的裁缝

詹尼·范思哲的名字代表着一种品位、一种时尚潮流，他已成为一个声名远播时尚界的"恺撒大帝"、一个自称为"时装之王"的世界上最伟大的裁缝。

学建筑设计出身而转行进入时装设计领域，这在时装界并不少见。可能正得益于建筑的强化，使得他们的时装设计思想更加完善，具有更加魅惑人心的魔力。一个出生在意大利南部小城的年轻人在他的大学时代同样攻读的是建筑专业，但他所有的兴致几乎都在高级时装设计和服装经营上。这个人就是被誉为时装界的恺撒——詹尼·范思哲。范思哲 1946 年 12 月 2 日出生于意大利南部小城加拉布莱，他的母亲是镇上有名气的服装缝纫师，拥有一个家庭服装店，而范思哲的童年就是在母亲的缝纫店中度过的。当他看到母亲在桌子上将衣料摊开，信手裁剪完，主顾们穿着合体后答谢离去，缝制时装便成了范思哲童年的一个梦想。平凡的母亲对于缝纫裁剪持有的神秘与虔诚，落剪之前在胸前画着十字的举动，成为范思哲毕生永难忘怀的一幕。

在母亲店里的工作经历使范思哲得到锻炼，从母亲那里，他开始渐渐明白成为一名优秀时装设计者的根本即信仰和胆识。当这个年轻人决心巩固自己的专业，于 1979 年来到米兰继续学习建筑设计时，机缘不偏不倚和他撞了个满怀——他替时装生产商设计的针织系列服装空前畅销，并因此得到一辆名车作为回报。这使他毅然选择了时装行业，在他母亲的小服装店里当学徒。直至三年后应聘意大利卡拉汉公司任服装设计师。

范思哲总是能分辨出亘古永恒的生活中那些优雅的东西，从迷乱躁动的日常生活中捕捉到独特与美好，然后通过他的设计成功地把生活中的现实美化成令人惊叹的式样。战后，工业文明急速发展，使大批量的成衣生产和休闲运动式服装成为潮流所趋，而意大利的设计师们从 20 世纪五六十年代开始就将美式

的运动休闲装同意大利对豪华高级材质的尊崇结合起来，从而造就了一种全新的"雅致"概念。而范思哲就是其中成功的一个，他一直认为：时尚潮流必须怜悯身体与视觉，容不下任何造作。他在意大利式的实用和功能化风格之外，融进了自己的性感和华丽，打上了自己的鲜明标记。范思哲式的性感、风情更明显地表现在休闲类裤子的设计中，宽松的便裤、紧身的锥形裤、护腿和其他裤子，加工范思哲式瑰丽华美的色彩与图案，成为一次又一次流行的源头。

到了20世纪80年代，热爱音乐的范思哲看到摇滚音乐在青年中的影响正不断扩大，便抓住这一契机，与摇滚乐明星合作，推出了摇滚服，这是他事业的一个大转折。家乡的山山水水和文化传统为范思哲成长为服装设计大师提供了坚实的基础。尤其是古罗马、希腊文化对他的影响颇深，从范思哲的作品中就可以看出他青少年时代所受到的艺术熏陶。范思哲经过二十多年的努力，最终成为可与意大利另三位时装大师乔治·阿玛尼、古驰和瓦伦蒂诺比肩的奇才。

1997年7月15日，可以说是世界时装史上最为黑暗的一天。这天，美国迈阿密海滩上的两声枪响，震动了全球，国际著名的意大利时装设计大师詹尼·范思哲在他别墅的大理石台阶上遭到枪击，猝然死亡。消息传出后举世震惊，范思哲在世界各地的分店纷纷关门并将所有的橱窗换上黑白陈设，以示悼念。既是范思哲的朋友也是其顾客的英国王妃戴安娜参加了他的追悼会，并沉痛表示："失去这位全球顶尖的艺术家，对这个世界来说绝对是个悲剧。"谋杀把这位天才的完美感受性猝然间无情毁灭。范思哲以他自己的名字命名了他的品牌，而他的品牌标志是希腊神话中的蛇发女妖美杜莎，她代表着致命的吸引力，她的美貌迷惑人心，使见到她的人即刻就化为石头。范思哲一生都在追求这种美杜莎的震慑力，他的作品中总是蕴藏着极度的完美以致濒临毁灭的强烈张力。无情的是，最终，他天才的生命、惊世的才情、狂魔的个性、独特的爱恋方式也都被化做了一块冰冷的石头——墓碑。

DONNA KARAN

唐娜·凯伦

创始人 ◆ 唐娜·凯伦　创始时间 ◆ 1984 年　创始地 ◆ 美国·纽约

纽约都市的时常气息

唐娜·凯伦的出现告诉人们，真正的时尚之都并不在巴黎，而在纽约；唐娜·凯伦的成功告诉人们，在纽约成功就是在世界成功。

DONNA KARAN

如果热爱时尚的你身在纽约，你的心一定十分向往巴黎，因为绝大多数的人总以为那里才是时装之都。但你却不知道，那些在塞纳河边与街头的艺术家们却向往纽约。他们则认为，现代艺术，包括时装，在纽约而非巴黎。的确如此，要谈世界时装，不得不先说说纽约的服装设计；而说到纽约的服装设计，就不能不提唐娜·凯伦。她的成功恰好证实了一句话：在纽约成功就是在世界成功。就像提到纽约，人们很难遗漏自由女神像、帝国大厦等著名建筑一样，提起纽约的时尚，DKNY绝对是你想到的第一个答案。

唐娜·凯伦与卡尔文·克莱恩和拉尔夫·劳伦并称美国三大时装设计师。如果说拉尔夫·劳伦代表的是中产阶级的休闲品位，卡尔文·克莱恩想传达的是美国式的性感，那么唐娜·凯伦则是最具都市气息的：简洁甚至略带冷酷，舒适但又不失美观，低调中又有一丝隐约的风情……这也是唐娜·凯伦为什么能吸引众多都市人喜欢的原因之一。如今，唐娜·凯伦是纽约城不争的时尚教母，细细筛选她走过的五十多年人生，只能得出两个字眼：纽约，时尚。

DONNA KARAN

来自纽约黑夜的灵感

纽约城黑夜的地平线启发了唐娜·凯伦，她成功结合权力与个人感官，将所属的创意完整呈现，把一切看似矛盾的素材，巧妙地融合成摩登的时装风格。

鼎鼎大名的DKNY，就是唐娜·凯伦全名加纽约的英文缩写。她解释初衷，设计风格正是主张着眼纽约人的生活，"这也是我要在产品上加上纽约的原因"。因此，她才更喜欢别人叫她曼哈顿"第五大街皇后"，随意到有些放浪的意味，却比1985年度最佳设计师、1986年全身造型多元设计奖、1992年度最佳男装设计师等等这些正统封号更能博她一笑。

唐娜·凯伦出生于纽约，因此她对纽约这个世界大都会有着一份特殊的感情。唐娜·凯伦特别关注周围人们的生活，街上的行人、办公室的女性、身边的朋友，她们的心态、他们的生活方式与生活节奏、目光所及的每一处都会成为她的灵感之源。为此她的商标中特地加了纽约(N.Y.)字样，用以宣示她那富于变换的设计中的基本定位——替以纽约为代表的都市人设计。因此，她的服饰具有可搭配替换性，既适合早九晚五忙碌的职业妇女，也受到影视明星、豪

门贵妇的热心追捧。例如，好莱坞当红影星黛米·摩尔和布鲁斯·威利斯夫妇，曾是DKNY1996年的形象代表，其他钟情她品牌的名人还有汤姆·汉克斯、麦当娜、芭芭姗，乃至前总统克林顿夫妇等。

唐娜·凯伦的设计充分反映了纽约人的风格，线条简洁、舒适，并能展现曲线美。纽约城黑夜的地平线启发了唐娜·凯伦招牌黑色贴身衣裤的创作灵感。这是二十多年前唐娜·凯伦秋季服装的第一个系列，直到现在仍是令人难忘的主力设计。拼接针织衣建立了唐娜·凯伦的时装王国，同时也改变了纽约女人对于自己装扮的看法；在此同时，流行的装扮也反映了城市的活力。如今，20年过去了，她仍以同样的设计震撼当代。

有无数时尚评论人说过，要唐娜·凯伦放弃黑色绝无可能，黑色也成了唐娜·凯伦的招牌颜色。当你闭上眼睛，你脑海中的唐娜·凯伦是什么样的？你会想起黑色，想起开司米，想起紧身衣和披肩。但这些想象并不是全部——那并不仅仅是服装，更是一种生活方式和态度，服装只是其中的一部分。

从欧洲到亚洲，唐娜·凯伦的服饰，以纽约都会的柔情完全征服了世界各地的现代女性。富有纽约迷人韵味的美国名牌DKNY是当今最红的时装品牌之一。什么是富有纽约韵味的穿着？简约实际，舒适灵便，有个性。简约实际的服饰，向来是白领丽人的首选；大都会的职业女性很忙碌，端坐行走舒适最重要，在一天的工作中，适合不同场合必须灵便；而各种单件基本服装，经过不同人的精心配搭后，就可以穿出自己的风格特色，完全符合纽约人喜欢个性化的心理。纽约同时也是个讲究品位的城市，服饰可以让人一眼看到服装主人的内涵与品位，有个性、有特色才能先声夺人。

许多服装评论家认为，唐娜·凯伦的成功在于她从不墨守成规，善于融合对立的主题，整合成为专属于唐娜·凯伦的风情。譬如，她把城市风貌的皮外套搭着罗曼蒂克风貌的裙子；又譬如，她让西装外套与皮草配搭乡村气息浓厚的拼布裙子。这就是唐娜·凯伦为DKNY创造的流行设计。

唐娜·凯伦，时装神话的缔造者，她凭借女性的敏锐，把一切看似矛盾的素材融合成摩登的时装风格，用她特有的"不协调诱惑"彻底改变了整个时尚舞台。唐娜·凯伦扮靓了大都会里的独立女性，给她们自信，让她们尽享做女人的美妙。"和所有女人一样，我是情绪化的。"她说，"时尚是表达'我是谁'的一种方式。我是母亲、艺术家还是商人……无论何时何地，女人都必须努力平衡自身担负的多重角色。"唐娜·凯伦植根于纽约特有的生活模式，她的设计灵感，也都源于纽约特有的都市气息、现代节奏和蓬勃活力。她的品牌吸引着以纽约为代表的现代都市生活方式的向往者，是当今世界上最成功的成衣品牌之一。

DONNA KARAN

纽约的时尚教母

唐娜·凯伦拥有来自都会的独特灵感、丰富的从业经历，更以其坚韧的决心战胜岁月沧桑，成就了纽约的时尚教母这个无人取代的地位。

说起唐娜·凯伦，有人会想到这样的形容词：热情、残酷、活跃、专注、有趣、敬业、可爱、强硬……到底哪一个才是真正的她？在这个女人灿烂的笑容下，埋藏着最强烈的个性——坚韧。

时装，对唐娜·凯伦来说就是基因中的DNA组合分子之一。她从小在纽约服装圈的熏陶下长大，母亲是时装模特兼服装公司的销售主任，父亲是一位著名的男装经销商。14岁时，少女唐娜·凯伦虚报年龄，开始在一家服装店担任店员。1969年她于帕森设计学院念二年级时，在Anna Klein（休闲服装品牌）公司找到一份兼职，工作狂的态度初见端倪。为了加班她甚至不惜辍学。但八个月之后却由于"不够成熟"而被解聘。她毫不气馁，跑到另外一家服装公司

DONNAKARAN

潜心学习，开始崭露头角。一年半之后，她置许多公司的邀请于不顾，直接拨电话给 Anna Klein 本人，要求重归旧职。这一回她终于得到了认可，开始担任她的助手。1974 年，唐娜·凯伦以指定继承人的身份当仁不让地接过总设计师的担子。当时年仅 26 岁的她，却已拥有 12 年在服装界独立闯荡的经验和决心，俨然是名沙场老将了。

唐娜·凯伦对工作的献身精神无可匹敌：在 Anna Klein 公司工作到第六年时，她怀孕了。由于她每天加班，孩子足足晚了六天才出生。当时秋冬季的展出就要拉开帷幕，办公室每天打电话催问她何时才能回去工作。唐娜·凯伦只好向医生请示是否可以出院。大夫问她："那缝线怎么办呢？"唐娜·凯伦却说："不用担心缝线，我们那儿缝纫工多的是！"

唐娜·凯伦投入的是整个身心与灵魂。1985 年，她推出自己的设计师品牌后就再也没有回头。也许是在纽约这样快节奏的城市生活太久的缘故，唐娜·凯伦树立了自己独特的设计概念。她认为一件紧身衣、一条裙子、一条裤子、一件开司米罩衫、一件小皮草、一件外套以及一款晚礼服就可以是摩登女郎们拥有的全部。它们简单方便：放进皮箱，马上走人。这就是唐娜·凯伦的标志性设

计概念——Seven easy pieces（七件装），它是对当时流行女装的一种革新。唐娜·凯伦拒绝过分复杂的时装，"但她同时为女性CEO们增添了妩媚与性感"。卡尔·鲁坦斯汀（Bloomingdale 品牌的时装总监）说："唐娜·凯伦的设计与从前高层职业女性的着装大相径庭。"经过不眠不休的全力投入，当首次个人发布会的结束音乐响起时，唐娜·凯伦禁不住在幕后为已来临和即将面对的一切而感慨万千，以至于掩面哭泣。配饰、服装——40 分钟的发布会，全面的别致设计，使得唐娜·凯伦一鸣惊人。

唐娜·凯伦出版了一本书——《女人的旅程，Donna Karan 二十年》。在这本书中，唐娜·凯伦讲述了自己的故事：她的第一场秀，第一件紧身衣……第一次畅快淋漓地与人分享了有关设计的看法和观点。

过去几年，唐娜·凯伦经历了众所周知的生活困境：爱侣去世，公司出售，新的行政事务，她仿佛由时尚前列退居下来——祸不单行，所有这一切几乎同时降临。"我还可以做多少场发布会？我还可以说些什么？我不想说厌倦，但我确实有些厌倦了。我觉得自己像是一个泄气的皮球。"虽然每一天，甚至每一个小时都想到放弃，但"有一天我对自己说，天哪！有人做了一辈子这个！这是一个挑战的时刻，而挑战对我来说意味着刺激"。

经历这些波折之后，唐娜·凯伦变得更加豁达了。她对同行们抱有极大的尊崇。令朋友们惊喜的还不止这些，唐娜·凯伦以一贯的坚韧作风对抗了命运的挑战。在短短的沉寂之后，她又回到了公众的注目之中，面带幸福的微笑。这个曾经遭受巨大波折的女人焕发出了比以往更加自信的光彩，充满了年轻的活力。她习惯将话题转移到未来事业的发展上去，无论怎样，那里才是她的沙场，她最耀眼的地方。

D&G

意大利的性感风暴

创始人 ◆ 多米尼格·多尔斯、斯特法诺·格巴纳 创始时间 ◆ 1985 年 创始地 ◆ 意大利·米兰

　　D&G 重新定义了女人和男人。他们让两性发现自己内在的异性气质，并且加以表达。因此，D&G 设计下的中性表现得更加浓艳。没有奇米的色彩，没有怪异的造型，没有出人意料的设计，只有区别于阿玛尼、范思哲等人夸张怪异艳丽的设计，D&G 在平淡和高雅中给我们带来不同凡响的惊喜。

意大利时装界有三大传统巨头，分别代表不同的时装精神：阿玛尼代表着高雅；费雷预示着硬朗；范思哲则有点儿艳俗，有着鲜明的流行元素。当大家都以为意大利风格就这些的时候，"D&G"出现了。你想穿它吗？你得先看看自己血液里有没有狂野的因子。如果没有，很遗憾，即使你再有钱，也穿不了。它招牌式的风格是浓烈、华丽、妖艳和妩媚，就似一股意大利的性感风暴，总能给人一种野性和张扬的感觉。

D&G深深迷恋西西里的古典浪漫，结合了来自意大利的万种风情，其匪夷所思的搭配将古典与现代生动地糅合在一起，给人强烈的视觉冲击，成为给时尚圈带来活力四射的风格与创意的品牌。优雅时尚的感觉锐不可当，它的服装、配饰，另外还有香水、眼镜、内衣、皮具、鞋、包等多产品系列都是极具奢华的奢侈品。

有时候你很难断定自己是不是喜欢某个牌子，但一旦看到品牌名字，就有一种说不出的亲切感，这印证着品牌的魔力，但也可能证明了是品牌在驾驭着你，而非你在随意控制着品牌。D&G，就是这么一个品牌。

D&G

西西里岛男人的惊世骇俗

D&G男装投射在任何人意识里时，总是那种偏硬朗的中性，那种带有张力的性感。如同这对设计搭档那样一种错位，对传统审美的错位，略带一种嬉皮的精神，服饰的灵魂得以充盈。

意大利双人组合设计师多米尼格·多尔斯、斯特法诺·格巴纳眼里的女人是性感而世故的，他们的男装则充满了明显的女性化风格和一种纨绔子弟的浪荡气息。在善于表达性感、叛逆而有浓厚西西里民俗色彩的设计风格下，D&G的男装显得非常有个性。

服装曾是人类炫耀自己的安全和权力的工具，今天已不再如此。D&G男装告诉我们，今天的男性形象不再是 20 世纪 80 年代的自大傲慢的男性，不再是 20 世纪 90 年代的自我反省的男性，他们自觉、独立，并在身体和精神间达到完全平衡。他们的内心宁静，就如不通过服装彰显权力；他们感到安全，就如穿着 D&G 的 T 恤，不张扬、不炫耀；他们对自己有了全新的感觉，如 D&G 男装的面料一样，温柔体贴；穿着 D&G 男装的男人总能理解自己个性的重要性，从不隐藏对性感的要求，即使这可能违反行为规则。D&G 男装风格影响着世界范围内的男性服装，即使对那些不穿着 D&G 者的审美观及品位也起着支配性作用，比如 D&G 像是内衣式的背心剪裁搭配西装、衬衫和撕裂的牛仔裤。

事实上，这两位意大利时装界的设计奇才都认为设计男装是最具挑战性的工作。自古以来男装的变化甚少，因此他们把男装的设计重点摆在布料和结构比例上，人造皮毛、透明纱料、皮革、英国清教徒的饰品，都可能出现在 D&G 的男装里，还真有点惊世骇俗的味道。此外，D&G 的服装一直都以天主教妇女身上的黑色作为最主要的用色，南欧宗教色彩也转移在图案的表现上。除了南意大利西西里岛的创作灵感，十分强调性感的曲线，比如 D&G 的西服外套就是 D&G 最典型的服装造型。

优雅对 D&G 来说，只是一种实际而非短暂的品位表现，所以在服装作品中，可以清楚地感受到意大利西西里岛的地方色彩和对过往巴罗克时光的缅怀。1994 年出品的副牌 D&G 延续正牌的精神，同时，更加入幽默而狂放的点子，吸引了全世界的

女性最性感的选择

D&G 女装是典雅和时尚的结合，有韵律的线条，大方而不失女性的风度，美观而不缺现代女性的风韵，年轻而不失优雅，简洁而不失有型。穿着 D&G 将是女人们最性感的选择。

敢穿着 D&G 时装的女人都有着强悍的外在。比如麦当娜、安吉丽娜·朱莉、比昂斯、詹尼佛·洛佩兹个个四肢粗壮、胸大臀肥，玩弄男人如探囊取物。多米尼格·多尔斯和斯特法诺·格巴纳钟爱她们，并且这样描述她们："喜欢自己也知道自己受宠，她们云游四方但从不迷失，她们若无其事地在透明外套下穿性感内衣，她们故意穿起男人味十足的细条外套、白衬衫打领带，她们永远穿高跟鞋，走路摇曳生姿，她们戴西西里男人礼帽。不管她是高级经理、主妇、母亲或者情妇，她始终是个彻头彻尾的女人。"

D&G 女装也确确实实反映了这一点。西西里、地中海文化、意大利新现实主义电影、鲁奇诺·维斯康蒂的《豹》（以 1860 年意大利的西西里岛为背景的战争史诗，细腻地描绘了萨里纳亲王奢华的贵族生活）和麦当娜都是多米尼格·多尔斯和斯特法诺·格巴纳设计的灵感基础。他们的设计以黑色为基调，这是西西里农民和黑手党以及天主教妇女常穿的颜色。有位时尚评论家就曾这样写道："D&G 最懂得混搭。他们混搭时代和民族、混搭男人和女人的衣橱，也混搭伦敦的前卫和德式的保守。混搭就是 D&G 的关键词。"

麦当娜是这种强悍的混搭风格最大的追随者。她从意大利文化史角度给多米尼格·多尔斯和斯特法诺·格巴纳找了个位置："既然如今费里尼、罗西里尼、帕索里尼和维斯康蒂都去了，我们所剩

的，也只有 D&G 的新现实主义时尚了。"

D&G

时装界的狂野大师

多米尼格·多尔斯和斯特法诺·格巴纳用现实主义及图形手法带给西西里每日生活中的细微亮点是非常令人兴奋的，他们重新诠释了一种过去从未通过时装来表示的文化。

多米尼格·多尔斯，1958 年 8 月 13 日出生于地中海之最大岛屿西西里岛附近的科里斯。儿时的多尔斯有一个小衣橱，是为他的小伙伴——洋娃娃们准备的。他很小便开始在其父亲的小服装厂做设计师。实际上，在他还是个孩子时——大概八九岁的光景——他的手指就老是受伤，不是一次，而是经常这样，因为他不是要去检查缝纫机，就是想熨一下他的小衣服，但那个熨斗可不小，是给裁缝用的那种大熨斗，结果他就经常会烫到自己。那时他就知道了阿玛尼和范思哲的故事，于是萌生了去上学的念头，希望自己和那些人一样成功。

而具有威尼斯血统的斯特法诺·格巴纳，于 1962 年 11 月 14 日在米兰出生。他不是个反叛的人，但也不安分守己，他有自己的个性，坚强而且独立。斯特法诺·格巴纳年轻时的梦想不是当时装设计师，而是当电影明星，但后来他又对时装产生了莫大的兴趣。他很敏锐，对颜色、对款式、对时尚，都有强烈的直觉，这一点非常难得，而且对他的设计很重要。现在的他已是一个出色的裁缝、了不起的设计师，有时又是一个油漆匠，偶尔会装饰一下自己的房间。

多米尼格·多尔斯和斯特法诺·格巴纳两个人相遇在米兰的一家时装店，他们一起做了两年的助理设计师工作，后来他们决

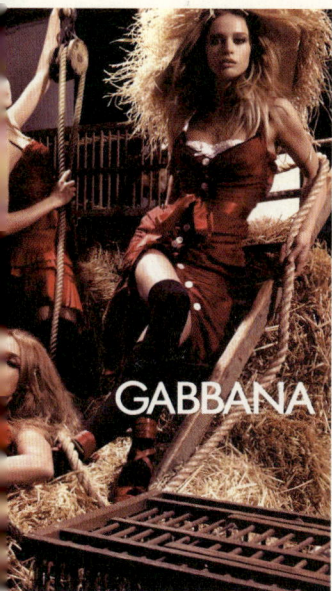

定开一家自己的设计室。1985 年，他们将两个人的名字合二为一组建了自己的公司。基于表达与传递一种奇特的、极具个人品味的新理念，这两个人走到了一起，开始了他们的友好合作，共同分享对巴罗克时期艺术和建筑风格的喜爱。

多米尼格·多尔斯和斯特法诺·格巴纳首次在时装界脱颖而出是 1985 年，当时他们在米兰时装秀上展示他们的以三种名称命名的新概念产品系列。这两位"二重唱者"为取得这次突破付出了很大的心血，其取得成功的另一重要因素当然还取决于当时观看这场时装秀的记者和观众们的认同。这一品牌是标有"意大利制造"产品的新生代的顶级代表，很快便享誉全球。首次的成功给予了多米尼格·多尔斯和斯特法诺·格巴纳极大的信心，也使他们得以在时装设计上沿着其自己独特的视角继续创造属于他们自己的时装品牌。从此以后，他们的产品经营范围便渐渐扩大开来。

在时尚界，多米尼格·多尔斯和斯特法诺·格巴纳以"使影星看起来像影星"而闻名，他们的服装受到诸如伊莎贝拉·罗塞里尼、麦当娜、黛米·摩尔及妮可·基德曼等众多名人的青睐。每年的奥斯卡颁奖晚会，许多设计师都会花重金聘请明星们穿他们的衣服，替自己的品牌做广告，多米尼格·多尔斯和斯特法诺·格巴纳却向明星们宣告，衣服在那儿，你们想穿就来穿好了，但我们绝对不会花钱请你穿。确实，有了每年数亿美圆的销售额垫底儿，再加上麦当娜和妮可·基德曼等这帮大腕的极力追捧，一切都理所当然。多米尼格·多尔斯和斯特法诺·格巴纳是时尚圈里不太多见的二人组合，大家喜欢把他们叫做时尚界的"哼哈二将"。他们这一对来自意大利的经典组合获得了富于奇想的年轻一代及追求前卫一族的钟爱，从而不断地引领着时尚潮流。

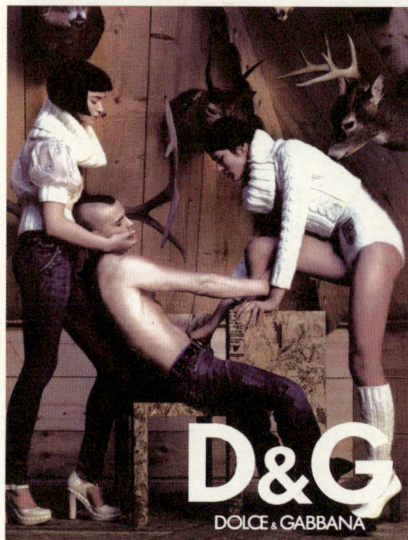

Christian Lacroix

创始人 ◆ 克里斯汀·拉克鲁瓦　创始时间 ◆ 1987 年　创始地 ◆ 法国·巴黎

克里斯汀·拉克鲁瓦

法国古典宫廷艺术的精神

　　法国服装设计大师克里斯汀·拉克鲁瓦的作品如同一场假面舞会。他的作品华贵典雅、千娇百媚，既有东方女性的神秘莫测，又有伦敦女性的古板怪异，还有法国女性的浪漫随和。他生活在现实和幻想之间，却又无时不在试图以时装的方式描绘心灵深处的梦境……

克里斯汀·拉克鲁瓦总是以鲜艳无比的颜色以及设计风格赢得时尚名流的喜爱，其独创一格的女装概念，创造出另一层面的美丽定义。融合所有重要的流行元素，设计师推出了法国皇家风格的晚礼服、18世纪的刺绣夹克以及花团锦簇的梦幻小礼服。拉克鲁瓦对于夸张色彩的运用非常拿手，在作品中他大胆地大量使用亮橘、鲜绿和淡荧光粉红等抢眼色调。20年来，克里斯汀·拉克鲁瓦完美精确地将法式经典的优雅华丽风格融入在设计中。饰有水晶的巴基斯坦中东妇女风情的雪纺罩袍、罂粟花苞般的塔夫绸泡泡圆裙、精致昂贵的装饰、柔软高级的质料，这是克里斯汀·拉克鲁瓦永远不变的坚持！

克里斯汀·拉克鲁瓦将不同思想、不同文化融会贯通，将复杂多变、充满戏剧性的设计与各种布料、色彩、风格混合，在世界时装史上开辟了一个新时代。其作品风格独特，灵感源泉瑰丽多彩。有来自传统的，如普罗旺斯文化；也有来自异族的，如神秘东方风情……最重要的是，他是所有法国知名品牌设计师中借助服装语言将法国本土文化精髓转化得最为透彻明晰、表现得最为淋漓尽致的一位。他生活在现实和幻想之间，却又无时不在试图以时装的方式描绘心灵深处的梦境……他的这种带着困惑的追求反映了时装的真谛：既是展示对明天的憧憬，又是表现对过去的追忆。

Christian Lacroix

永远的华贵绚丽

拉克鲁瓦永远华贵绚丽的设计风格不仅为已入垂暮的法国时装带来起死回生的"清新的空气"，而且也告诉我们时装的真谛：既是展示对明天的憧憬，又是表现对过去的追忆。

法国高级服装是法国服装的精华，每件时装犹如一件艺术作品，针针线线无不凝聚着设计大师的智慧与创造。设计师可以自由地表现自己的创作理念，抒发对美的遐想和对潮流的体味。可可·香奈尔、克里斯汀·迪奥、伊夫·圣·洛朗、乔治·阿玛尼、詹尼·范思哲、约翰·加利亚诺……，这些使人津津乐

道、趋之若鹜的名字既是法国时装的经典代表，更是世界时装的潮流风向标。

克里斯汀·拉克鲁瓦，同样也是这些大师级设计师中赫赫有名的一位。在西方的时装设计史上，很少有人像拉克鲁瓦那样博采众长，广为借鉴。他的设计常从博物馆、戏剧、杂货摊以及斗牛士那里吸取灵感，所以总带有强烈的怀旧意味。其服装图案复杂、华丽，色彩绚丽、典雅。他还将传统法国时装的种种因素如抽纱、刺绣、补绣、花边、饰件、首饰等，运用到现代主义的创作中去，从而创作出令人惊讶的新古典主义作品。拉克鲁瓦的出现可谓喜从天降，为法国时装界带来了起死回生的"清新的空气"。

拉克鲁瓦的童年是在法国南部充满阳光的小城阿尔度过的。这个曾经给凡·高和其他伟大的画家们带来无穷灵感的地方，也赋予了拉克鲁瓦热情浪漫的气质。法国、意大利和西班牙三种文化的洗礼，尤其是地中海的古老文明造就了他对美术、歌剧、音乐歌舞的浓厚兴趣。这一切都为他将来成为一位才华横溢的时装设计师奠定了基础。因此，在时装的风格变得越来越趋于朴素的今天，他仍醉心于华丽的设计，依然不断地推出华丽耀眼的、绚丽多彩的、以奢华风格为主的时装。

高贵豪华、灿烂夺目是拉克鲁瓦最典型的风格。1992年春夏的高级时装展中，他甚至推出完全复古的巴罗克时代的华丽女装，采用名贵的缎子、雪纺、轻纱，大量的刺绣，闪闪发光的珠片，精美绝伦的蕾丝花边；裁剪更是讲究至极，充满创意；做工也同样完美无比，无论哪一方面都堪称美轮美奂的精品。拉克鲁瓦的时装总是如此金光闪闪，华贵逼人，充满了法国古典宫廷艺术的精神。

黑色长裙上洒满了唯美的刺绣花朵，淡淡的轻纱裹住裙摆，拉克鲁瓦的设计充分地表现了高级时装的华美情调。设计师的曼妙灵感是高级时装让人企望与激动的源泉。

拉克鲁瓦在时装界独树一帜，成为 20 世纪八九十年代攻进巴黎高级时装界新的经典人物。然而他并不满足于在高级时装界的成就，接着又将高级时装的精致剪裁注入年轻化的时装款式，让华丽和自由轻松结合起来，更为活泼潇洒，让年青一代也能感受到古典法国时装的浓厚气息。

拉克鲁瓦的时装艺术为怀念往日华丽高贵的人们带来了满足，这是他取得成功的主要原因。然而他并未于此止步，他曾说过："如今高级时装唯有与日常生活结合才不至于被淘汰。"他也的确成功地做到了这一点。1993、1994 连续两年名列世界名师执行榜的前五名，这说明千万个喜爱他的时装的人都与他一样醉心于华服美饰的情调。

尽管拉克鲁瓦 27 岁才开始他的时装事业，但他在西方时装界的地位已举足轻重。他的作品经常轰动巴黎，并令同时代的大师所叹服，被同行们誉为"清新的空气"。

Christian Lacroix

普罗旺斯的艺术行者

克里斯汀·拉克鲁瓦总是能够完美精确地将法式经典华丽风格融入设计中，以鲜艳无比的色彩搭配赢得时尚名流的喜爱。这位法国艺术设计大师回归到自己的本源，从生长的城市阿尔和普罗旺斯如幻如梦的美丽景色中汲取设计灵感，营造出古典、优雅的古代幻境。

1951 年，克里斯汀·拉克鲁瓦出生于法国阿尔，当时正值女权运动风起云涌之际，妇女解放的呼声在衣服上得到了具体的体现。童年的拉克鲁瓦经常看到自己祖母所收藏的大量时装杂志，使他在耳濡目染当时潮流的同时，接触到经典的古典的时装。

中学毕业后，拉克鲁瓦进入蒙塔佩利尔大学攻读古希腊、拉丁文学和文艺史。1971 年，他奔赴巴黎卢浮宫学校学习艺术史，希望有机会在美术馆或博物馆做一个讲解员。然而，一个名叫弗朗索瓦·罗森斯蒂尔的人改变了他的命运。这个女孩后来不但

成为他的妻子，还鼓励他从事了自己所喜爱的时装设计。在弗朗索瓦的支持下，拉克鲁瓦相继在多家著名时装公司任职。

1981 年，拉克鲁瓦成了巴黎老牌时装屋让帕图的设计师，并使之重振旧日雄风，销售额一下子翻了两番。1986 年，他作为让帕图的设计师首次获得了法国高级时装金顶针奖。1987 年，在大财团菲南基厄勒阿加什斥资 500 万法郎的支持下，拉克鲁瓦终于注册了自己的品牌——克里斯汀·拉克鲁瓦，并且在 1988 年 1 月再次获得金顶针奖。

时代的观念一直在困扰着拉克鲁瓦。当一个人总沉浸于 20 世纪 30 年代的场景里时，便会清晰地意识到时间的流逝。克里斯汀·拉克鲁瓦置身于 20 世纪 70 年代的巴黎，似乎经历时空隧道回到了 20 世纪 30 年代。活生生存在于那里的一切，之前都只封存于他祖父母屋里的书籍中，克里斯汀·拉克鲁瓦没有想到能够在自己的时代去体验和经历。

克里斯汀·拉克鲁瓦从小接触祖父母的旧衣服、书籍和杂志，对于 20 世纪 40 年代和 50 年代还存留着一丝感念，特别是一种属于那个时代的拼花技巧，让他非常感兴趣。而在这个时代，技术越先进就越无法把握未来，所以很多人宁愿去追寻过去激情的时代。

克里斯汀·拉克鲁瓦骨子里充满了怀旧情结，他对法国设计的新风格——令人恐怖的艳丽色彩和葡萄酒色的装饰，有着自己独特的看法。他说："也许 20 年之后我们才会逐渐适应这种艺术形式，不过我对此深表怀疑。遍布伦敦的桃花心木和铜质装饰物看起来栩栩如生，一点儿也没有作伪的痕迹。这在我们法国人眼中是不可想象的。"克里斯汀·拉克鲁瓦认为，对于那些追求永恒之美的人而言，表现自然之美是荒谬的，因为自然是具流动性的境界，比之静态之美别有一番意味。

ANNA
SUI

安娜·苏

创始人◆安娜·苏 创始时间◆1992 年 创始地◆美国·纽约

施以魔咒的时装艺术

针线剪子是她的魔术棒，挥舞缭绕间总能造就款款奇装让人狂热迷恋；工作间是她的玫瑰园，精耕细作下总能制作出件件极品让人爱慕珍藏；时尚圈是她的梦工场，天马行空时总能诞生阵阵奇想让人意乱神迷。安娜·苏——被施以魔咒的时装艺术。

在男性占绝对优势的世界时装舞台上，仅有少数几位女性设计师能够拥有自己的个人品牌，而具有华人背景的女性设计师就更少，安娜·苏是其中之一。她的时装世界与众不同，市场与潮流似乎都不是她的创作依据，商业上却十分成功；她的设计带有浓烈的摇滚的叛逆与嬉皮的颓废气质，同时透出天真的少女情怀；她的个人形象充满波希米亚的自由色彩，而作品中却尽显奢华。

安娜·苏的魅力在于她的妖艳无人能及。第一眼看到安娜·苏，你会被那抢眼、近乎妖艳的色彩震撼，更会迷醉于她独特的、蕴涵巫女般迷幻魔力的摇滚风格之中。其服装华丽又不失实用性，让时尚的都会女子发挥她们未经启发的无限创意，容许她们随心所欲自由组合，展现她们的独特魅力，张扬个性。

针线剪子是她的魔术棒，挥舞缭绕间总能造就款款奇装让人狂热迷恋；工作间是她的玫瑰园，精耕细作下总能制作出件件极品让人爱慕珍藏；时尚圈是她的梦工场，天马行空时总能诞生阵阵奇想让人意乱神迷。她连名字都带着童话般的梦幻和轻巧，安娜·苏，中文姓氏的译音与英文昵称的搭配，印在许多人心里便成了施以魔咒的流行密语。

ANNA
SUI

安娜·苏的魔法衣橱

安娜·苏时装的妖艳无人能及。色彩的搭配出人意料，丰富，有奇异的和谐；摇滚风格、反怀旧感觉，使得安娜·苏时装不仅充满了街头感觉，同时也保留了高贵的影子。

第一次时装秀的成功使安娜·苏扬名时尚界，她那混合着华丽小女人的梦想和叛逆摇滚色彩的风格赢得了人们热烈的追捧。很多喜欢安娜·苏的人，都是因为被她作品中那种既现代又怀旧、既前卫又保守的情怀迷住了。而安娜·苏本人，又何尝不是这样一个矛盾体呢？她心中始终藏着一种叛逆的摇滚情结，可是又钟情于波希米亚式的妖艳奢华。这种矛盾的个性正是她灵感的源泉。

安娜·苏最擅长于从大杂烩般的艺术形态中寻找灵感：斯堪的那维亚的装饰品、布鲁姆伯瑞部落装和高中生的校服都成为她灵感的源泉。她所有的设计均有明显的共性：摇滚乐派的古怪与颓废气质。这使她成为模特与音乐家的最爱。

安娜·苏的设计大胆，而且略带一种毫不在意世俗的眼光，这和她叛逆的性格不谋而合。在简约自然主义领导时尚潮流的今日，安娜·苏却逆流而上，她的设计中洋溢着浓浓的复古气息和绚丽奢华的独特气质：刺绣、花边、烫钻、绣珠、毛皮等一切华丽的装饰主义都集于她的设计之中。安娜·苏对此这样说道："我觉得自己从事着世界上最好的职业。我可以把自己喜欢的、感兴趣的、感到好奇的所有元素都融入我的工作中，这就是我结合不同元素的灵感源泉，就好像我读一本关于查尔斯二世复辟的书，同时又听听音乐，看看电影，所有这些都可能成为我作品的一部分。能把自己真正喜欢和感兴趣的元素融入到工作中，还有比这更好的工作吗？"

安娜·苏最喜欢的一本书就是《纳尼亚传奇》，这使她的衣橱有点像电影里的魔法衣橱。朋友们来到她家问道："这是你放衣服的橱柜吗？"一打开橱柜，前面就呈现了完全不同的另一番景象，那就是安娜·苏的魔法衣橱。

安娜·苏认为喜欢自己的时装的女性通常是坚强的女性，独立的女性，与众不同而不随波逐流。她的母亲穿着安娜·苏设计的衣服，而她朋友的孩子也喜欢穿安娜·苏设计的衣服，所以说安娜·苏的设计是超越年龄段的。但当她们购买口红和指甲油时，她们其实想购买的是安娜·苏风格的摇滚色彩所带来的幻想，又希望同时集好女孩和坏女孩于一身。世间的男人几乎都喜欢这样的女孩。

时尚业引领着最新的流行趋势，比如最新的服饰、最新的概念、最新的精神，与此同时，安娜·苏需要树立某种经典。她认为，这完全取决于流行趋势，有时候两者结合得很好，有时候就不行。有的季节卖得很好，但你不可能库存起来。人人都想

买，那太棒了，但情况并不是想象的那样，不会永远这么顺利。在经营过程中安娜·苏认识到，她所得到的最好的赞誉就是：她们会对自己说，这条裙子是我七年前买的，我每次穿上，丈夫都会夸我漂亮。安娜·苏觉得这是最好的赞誉了。也许这算不上时髦，算不上流行，但她们觉得漂亮，她们的丈夫也觉得漂亮，这就行。随着日渐成熟，安娜·苏明白自己不可能永远处于巅峰状态，生活经历告诉她，重要的不是今天你是什么样子，而是明天。

ANNA
SUI

纽约的魔法师

她是一位国际时尚界著名的华裔设计师，喜欢她作品的女性朋友称她是一个能够将不同的时尚元素完美结合在一起的魔法师，时尚评论家称她是一位能够不断取得突破的创意者，而从她的作品来看，她又像是一个永远长不大的爱做梦的小女孩。她，就是安娜·苏。

人人都知道她是一位拥有自己品牌的国际时尚大师，但很少有人知道她今天的辉煌成就都是源自一个梦想，每个女人当她还是一个小女孩的时候都可能有过的梦——给自己的洋娃娃做衣服。在安娜·苏还是幼年的时候就已经开始她的时装设计，她替自己的玩偶和邻居小孩的玩具士兵设计出她心目中的奥斯卡奖的出席礼服。最终，安娜·苏把她的爱好延伸到了时装界，成立了自己的品牌，并不断地把自己的灵感出版在不同的时尚杂志上。直到今天，她还是经常提起这些自己的"灵感档案"。

安娜·苏从小就养成一个习惯，当她看到明星们漂亮的造型，或是精美的室内设计作品，就会收集起来，然后分类作好记录。后来，她进入美国著名的帕森设计学院，也就是从那里，真正开始了自己的设计生涯。在正式推出自己的系列之前，她作为一个自由的设计师和一个配合摄影师的风格造型师，为时尚媒体提供自己的新颖创意。这段时间里她积累了大量的工作经验，渐渐形成了自己独特的风格：注重细节，喜欢装饰，同时充满现代艺术的气质；色彩的搭配出人意料。

1980年，安娜·苏在一个小型服装展览会上发布了六

件自己的作品。一经展出，马上就得到了 Macy's（世界上最大的零售百货店之一）的订单，其中的一件还作为广告刊登在《纽约时报》上。同年，就在她所住的公寓内，安娜·苏成立了自己的公司。在当时，安娜·苏古怪的、充满了古老情致的风格并不被华而不实与品牌崇拜的潮流所接纳，她所崇尚的服饰风格与当时的流行风尚完全格格不入。那时候的市场一直被香奈尔、Calvin Klein 等一系列强大的主流品牌所占据，具有个性和与众不同的风格则完全没有容身之地，就连安娜·苏自己也无法确定到底该走向何方。这样的情况一直持续到1991年的夏天。

20世纪80年代，人们开始尝试颠覆当时的流行风格，更加注重个性。安娜·苏意识到时机已经成熟，于是她第一次和朋友斯蒂文·梅瑟尔到巴黎参加时装发布会，和麦当娜一起去看时装表演。当安娜·苏见到麦当娜时，麦当娜告诉安娜·苏有一个惊喜送给她，麦当娜脱去外套，居然穿着安娜·苏设计的衣服。安娜·苏激动得什么话都说不出来。那个年代，所有的拎包、服饰都是以设计师为中心的，而麦当娜却穿着自己设计的衣服。那个时候安娜·苏就知道，展示自己设计的时机终于来到了。不久之后，安娜·苏终于举办了第一个时装发布会。当时人们习惯了范思哲和香奈儿等世界名牌的时装发布会，他们的预算都很庞大，而安娜·苏的发布会的预算少之又少。不过，服装发布会的成功，让安娜·苏一夜成名。她的个人设计"从头到脚"的服装被《纽约时报》描述为"现代摇滚和上流社会的混合物"。

安娜·苏的作品表现出现代与怀旧、前卫与保守的矛盾情怀。天生的"嬉皮士"设计服装，受到那些一穿上有创意的服装就感到兴奋的女性的追捧。她被《纽约时报》称之为"绝不雷同"的出色设计师。在纽约市的总部内，安娜·苏仍在不懈地设计和创作着新的款式，她独具一格的展示会一直领导着服装潮流，并给了世界各地无数的设计师极大的灵感和鼓舞。

图书在版编目（CIP）数据

名品服饰/郑万春编著.—哈尔滨：哈尔滨出版社，
2007.6
ISBN 978-7-80699-965-3

Ⅰ.名… Ⅱ.郑… Ⅲ.服饰—简介—世界 Ⅳ.TS941.743

中国版本图书馆CIP数据核字（2007）第063422号

总 策 划：李　鹏
责任编辑：李毅男　孟　飞
封面设计：远流图文工作室 赵兴华
版式设计：远流图文工作室 吴　丹
技术支持：远流图文工作室 赵　博　薛鹏飞

名品服饰

郑万春 编著

哈尔滨出版社出版发行

哈尔滨市动力区文政街 6 号

邮政编码：150040　电话：0451-82159787

E-mail：hrbcbs@yeah.net

网址：www.hrbcbs.com

全国新华书店经销

沈阳美程在线印刷有限公司

开本 728×1026 毫米　1/16　印张 13　字数 260 千字
2007 年 7 月第 1 版　2008 年 9 月第 2 次印刷
ISBN 978-7-80699-965-3
定价：38.00 元